마음 습관이 운명이다

마음 습관이 운명이다

1판 1쇄 발행 2017년 11월 10일
1판 3쇄 발행 2021년 2월 25일

지은이 미즈노 남보쿠
감수자 안준범
옮긴이 화성네트웍스
펴낸이 이윤규

펴낸곳 유아이북스
출판등록 2012년 4월 2일
주소 서울시 용산구 효창원로 64길 6
전화 (02) 704-2521
팩스 (02) 715-3536
이메일 uibooks@uibooks.co.kr

ISBN 978-89-98156-90-9 03190
값 14,000원

• 이 도서의 국립중앙도서관 출판예정도서목록(CIP)은 서지정보유통지원시스템 홈페이지 (http://seoji.nl.go.kr)와 국가자료공동목록시스템(http://www.nl.go.kr/kolisnet) 에서 이용하실 수 있습니다.(CIP제어번호: CIP2017027891)

마음

관상학의 고전, 〈상법수신록〉 다시 읽기

습관이
운명이다

미즈노 남보쿠 지음 | **안준범** 감수 | **화성네트웍스** 옮김

유아이북스
For The Ultimate Information

[일러두기]

▲ 이 책은 총 네 권으로 구성된 《상법수신록》(남북상법극의수신록)을 한데 묶은 것입니다. 원문의 내용을 손상시키지 않는 선에서 소제목과 형식을 보완해 가독성을 높이고자 했음을 밝힙니다.

▲ 현대의 관점으로 봤을 때 거부감이 들 수 있는 내용이 있습니다. 일본 문화나 당시 생활상을 파악할 수 있는 내용 정도로 이해하시기 바랍니다.

음식이 사람을 결정한다

미즈노 남보쿠[水野南北]는 18~19세기에 일본에서 활약한 전설적인 인물이다. 관상가이자 사상가로서 제자만 3000명 이상을 두었다. 그는 이전까지 기술이나 잡기로 치부되던 관상을 학문의 경지에 올려놓은 사람이다.

그는 대표적인 저서인 이 책에서 "음식이 곧 생명이자 운명이다"라고 주장한다. 얼굴 생김새만으로 길흉화복을 점치는 좁은 의미의 관상가나 이미 정해진 운명을 찾아내기만 하는 사람의 눈으로 보면 무척 이례적인 생각이다. 남보쿠의 철학에 따르면 평소 즐기는 음식이나 식습관을 바꾸면 운명도 바뀐다고 한다. 그는 식욕이라는 본능이 건강을 좌우하고, 그렇게 만들어진 심신의 건강이 정신과 육체를 좋은 쪽으로 혹은 나쁜 쪽으로 바꿀 수 있다고 생각했다. 또 이런 요소가 운명을 만드는 기본이 된다는 것이 그의 철학이다.

남보쿠는 왜 이런 생각을 갖게 되었을까?

남보쿠는 1757년(호레키[寶曆 : 1751~1763년에 사용된 일왕의 연호] 7년)에 태어나 1834년(텐포[天保 : 1830~1844년에 사용된 일왕의 연호] 5년) 11월 1일에 향년 78세로 사망했다.

그는 중년 이후 많은 사람의 존경을 받았다. 하지만 청년 시절에는 매우 난폭했고 그에게서 학문적 소양 같은 건 찾아보기 힘들었다고 한다. 일찍이 부모를 잃은 그는 툭하면 도박이나 싸움을 일삼다가 18세에 감옥살이까지 했다. 그때 그는 죄인과 일반인의 얼굴 모양이 다르다는 나름의 판단을 하게 되었고 그 이후 관상이나 운명이란 주제에 빠져들었다.

감옥에서 나온 남보쿠는 명망 높은 관상가들을 만났는데 그 중 한 명이 뜻밖의 말을 했다. 남보쿠가 1년 안에 칼에 찔려 죽을 운명이라는 것이었다. 그 운명을 피할 방법은 단 하나, 스님이 되는 것이었다. 그는 살기 위해 절을 찾았지만 인내심 테스트부터 받았다. 콩과 보리만 먹고 일정 기간을 꼬박 버텨야 했다. 살기 위해 고통을 극복하고 마침내 스님이 되기 위해 절로 들어가려는 순간 예전에 만났던 관상가와 우연히 마주쳤다. 그는 남보쿠의 관상이 바뀌어 절에 들어가지 않아도 살 수 있다

마음 습관이 운명이다

고 말했다. 남보쿠는 그때 큰 깨달음을 얻었다. 운명이나 관상은 본인의 적극적인 노력으로 바꿀 수 있다는 것이었다. 이후 그는 관상에 대한 실증 연구에 열정을 쏟았다.

남보쿠의 연구는 옛 사람들이 기록한 문서 연구에 국한한 것이 아니다. 그는 무엇보다 현실의 사람들을 연구했다. 이발소에서 일하며 사람들의 면상과 두상을 연구했고, 목욕탕에서는 몸의 상을 관찰했다. 그리고 화장터에서 뼈와 골격을 공부했다. 연구 결과는 놀라웠다. 교과서로 삼았던 고전의 기록이 대부분 맞지 않았기 때문이었다. 고전을 신성시했던 당시 풍토로 보면 무척 파격적인 생각이었다.

이 책에서 남보쿠는, 일본 문화권에서의 일반적인 서술법과 달리 자기 주장을 돌려서 말하지 않는다. 비판을 두려워하지 않고 단도직입적으로 소신을 그대로 밝힌다. 이런 남보쿠의 학문적 관점에 따르면 오늘날 읽는 그의 책도 무조건 옳다고 따를 것은 아니다. 현대에 남보쿠와 같은 인물이 있다면 이 책 내용의 오류를 또다시 캐내 밝힐 것이다.

실제로 기록 곳곳에서 논란거리가 보인다. 대표적인 예가 책의 여러 곳에 드러난 남존여비 사상이다. 그는 여자들의 관상은 볼 가치도 없다는 식으로 책에 적어놓았다. 남자의 운을 도와주는 역할을 하는 게 여자인데, 관상이 지나치게 좋으면 오히려 해가 된다는 게 그 이유다. 영양학적으로 보면 근거 없는 부분들도 보인다. 음식이 곧 신이라는 종교적 신앙에 가까운 자신의 생각을 따른 것이다. 현대 관점에서는 논란이 될 수 있는 부분들이지만 원문을 훼손할 수 없어 그대로 실었다. 독자 여러분도 이런 부분은 '당시 사회 분위기가 이랬구나' 하는 식으로 이해하고 해석하기 바란다. 다른 것은 몰라도, 삶에 대한 적극적인 변화 의지를 강조하는 그의 철학이 많은 독자에게 도움이 되기를 기원한다.

안준범 씀
관상연구가,《관상궁합》저자

목차

죽을 운명을 극복한 사나이

미즈노 남보쿠는 오사카의 아와자[阿波座] 출신으로 일본 왕실이 인정한 당대 최고의 관상가였다. 어릴 적 부모가 세상을 떠나 갑자기 고아가 된 그는 삼촌 집에서 살면서 지독한 방황의 나날을 보냈다. 10세 때부터 돈이 손에 들어오면 바로 술을 사서 마셨고 툭하면 싸움질이었다. 18세 때는 술값 때문에 옥살이를 했다. 그 옥살이에서 그의 인생을 바꾼 계기가 생겼다. 그는 죄수와 일반 사람들의 얼굴 형태가 다르다는 판단을 하게 되었다. 관상에 대한 흥미는 이렇게 감옥에서 자라기 시작했다.

남보쿠는 감옥에서 나오자마자 이름 있는 관상가들을 찾아다녔다. 그러다가 목숨에 위협을 당하는 일이 생겼다. 누군가 남보쿠에게 칼을 맞아 죽을 얼굴이라는 청천벽력 같은 판정을 내린 것이다. 앞으로 1년밖에 살 수 없다는 시한부 인생의 선고를 받았다. 그는 남보쿠에게 그 운명을 피하는 방법으로 스님이 되기를 권했다.

남보쿠는 당장 근처에 있는 절로 찾아가 출가하고 싶다고 졸랐다. 주지 스님은 수행의 길이 결코 녹록하지 않다며 한사코 받아들이길 꺼리며 과제를 내줬다. 주지 스님이 정한 기간 동안 보리와 콩만 먹고 사는 고통을 이겨내면 수행할 능력이 있는 것으로 인정하여 제자로 받아들이겠다는 것이었다.

남보쿠는 그저 살고자 하는 일념으로 버텼다. 마침내 약속한 기간이 지난 어느 날, 기쁜 마음으로 주지 스님에게 달려가는 길에 한 사람을 우연히 만났다. 예전에 남보쿠에게 죽음을 예고했던 관상가였다. 그런데 그의 반응이 묘했다. 어리둥절해 하면서 칼로 죽을 검난(劍難)의 상이 사라졌다고 말했다. 고개를 갸웃거리던 관상가는 "그동안 큰 공덕을 쌓은 것 같다"라고 변화의 이유를 해석했다. 사람의 생명을 구했거나 도를 닦았거나 하는 큰 변수가 없었다면 죽을 운명이 바뀌는 경우는 거의 없다는 설명을 덧붙였다.

되짚어보면 남보쿠에게 공덕을 쌓은 기억은 없었다. 단지 보리와 콩만 꾸준히 먹었던 것이 떠올랐다. 그동안의 일을 솔직히 이야기하자 관상가는 무릎을 쳤다. 1년 동안 무엇을 먹었느냐가 아니고 오랜 기간 식욕을 절제한 게 큰 음덕이었다고 분석했다.

죽을 고비를 넘기고 새 인생을 살게 된 남보쿠는 출가를 하려는 결심을 접었다. 감옥에서부터 키워온 관상에 대한 관심이 다시 머릿속에 가득 찼다. 자신을 위기로 몰아넣었다가 다시 살린 그것이 무엇인지에 대한 호기심이 불탔던 것이다.

그는 스님이 아닌 관상가로서 험난한 고행을 시작했다. 목욕탕은 물론 화장장에서까지 사람들의 전신 상(相)이나 얼굴을 관찰하고 분석했다. 치열한 연구의 결과, 당대 최고의 관상가로서 자리매김한 남보쿠는 일본 왕실의 후원을 받을 정도로 성공할 수 있었다.

관상학의 대가였던 남보쿠의 관상은 어땠을까?

본인의 기록에 따르면 '키가 작고 얼굴 모양은 답답하고 비좁아 대범치 못하며 입은 작고 눈은 움푹 들어가 있고 인당(印堂 : 관상술에서 양쪽 눈썹 사이를 이르는 말)은 좁고 눈썹은 엷다'라고 한다. 눈과 눈썹 사이도 좁고 코는 낮으며 광대뼈는 불거지고 이는 짧고 가늘며 발도 작다는 평이다. 종합하면 보기 드문 빈상(貧相)이다. 그의 주장에 따르면 이런 자신의 관상을 극복한 것은 식습관이었다.

그는 사람의 운명이 음식에 달렸다는 것을 깨달았다. 그 깨달

마음 습관이 운명이다

음에 따라 매일 주식은 보리 한 홉 반과 술 한 홉으로 했다. 쌀로 된 것은 떡이라도 먹지 않았으며 부식은 한 가지 채소로 만든 한 가지 즙만 먹는 등 음식을 절제했다.

남보쿠의 관상법은 혈색기색류년법(血色氣色流年法)이라고 하는 독특한 종류이다. 기존의 숙명론적 관상법과는 달리 그는 노력하면 운명이 달라진다는 주장을 펼쳤다. 그의 저서로는《남북상법》1~10권,《상법화해》1·2권,《상법수신록》('남북상법수신록', '남북상법극의수신록' 등으로도 불림) 1~4권,《비전화》,《개귀현론》,《신상전편정이해》,《연산상법》,《상법대역변론》 등이 있다.

상법수신록
제1권

글을 시작하며

사람은 음식 없이는 살 수 없다. 좋은 약을 먹는다 해도 음식이 없으면 생명을 유지할 수 없기 때문이다. 그래서 사람에게 가장 좋은 약은 바로 음식이다. 나는 최근 수년 동안 관상을 직업으로 하여 살아왔다. 그런데 음식의 중요성을 모르고 사람들의 관상을 보니 빈궁하고 단명할 상을 가진 사람이 유복하고 장수하는가 하면 유복하고 장수할 상을 가진 사람이 오히려 빈궁하고 단명하는 경우가 있었다. 거기다 상을 보고 길흉을 말할 때도 명확하게 맞추질 못하였다.

그러나 음식의 중요성과 음식을 절제해야 함을 깨닫고 난 후에 사람의 관상을 볼 때는, 먼저 그 사람이 먹는 음식의 양을 묻고 그에 따른 그 사람의 생애의 길흉을 점치게 되었다. 이는 하나도 틀리는 법이 없었고 나는 그 사실에 자신을 얻었다. 이

것이 관상법의 가장 중요한 사항이기 때문에 나는 이를 나의 관상법의 근본으로 삼았다.

최근 수년 동안 나는 내가 알아낸 음식 절제법을 많은 사람에게 전달했다. 그리고 그 절제법을 실천한 사람들의 사례를 보니 1년 앞에 큰 환난이 닥칠 상을 갖고 있다 해도 음식을 절제하면 반드시 그 환난을 피할 수 있었다. 뿐만 아니라 오히려 뜻하지 않은 좋은 일이 생긴 사람도 많았다. 또한 평생 빈궁의 상을 가졌지만 크게 부유해져서 사람들에게 알려질 정도의 부자가 된 사람도 있다. 그 밖에도 수년 동안 질병으로 앓고 있어 단명의 상을 가졌지만 음식 절제법 덕분에 지금은 심신이 모두 건강해진 사람도 있다. 이와 같은 예를 들자면 끝이 없다. 이렇게 사람의 부귀와 빈천, 장수와 단명, 곤궁과 안락, 그리고 입신출세와 영달은 모두 음식을 절제하고 신중히 하는 데 있다. 따라서 나는 세상 모든 사람이 이 책을 읽고 음식을 절제하고 신중히 하기를 바란다.

이 음식 절제법을 세상 사람들에게 권장하기 위해 나 자신은 평생 동안 쌀밥을 먹지 않고 심지어 쌀로 된 것은 밥은 물론 떡도 먹지 않았다. 내가 하루에 먹는 것이라고는 보리 한 홉 반과 술 한 홉이다. 술을 대단히 좋아했지만 이것도 하루 한 홉으로 정하여 실천하고 있다. 나 자신을 위함은 물론 세상 사람들에게 음식 절제의 모범을 보이기 위해서였다. 그러니 마음이 있는 자는 하루라도 음식을 절제해보길 바랄 뿐이다.

나는 비천한 사람으로 세상 사람들과 섞일 존재도 못되지만 음식을 절제하고 신중히 하여 관상가로 알려지게 되었고 독자적인 유파를 세울 수 있게 되었다. 그리고 이번에 속편 여덟 권 중에서 음식과 관련된 것들을 모으고 발췌하여 네 권으로 내놓게 되었다.

그러나 내가 어리석고 둔해서 문자로 잘 표현해내지 못했거나 독단적인 편견도 있을 수 있겠다. 하지만 이러한 것들은 이 책을 세 번 이상 읽은 사람의 생각에 맡기도록 하겠다. 거듭 말하지만 지엽적인 것에 사로잡히지 말고 부디 반복해서 세 번을 읽어주기 바란다. 또한 이 책을 아무렇게나 읽고 비웃으면서 버리는 일이 없기를 바란다.

세상에 아무 쓸모없는 유생이나 문장을 요리조리 반죽하는 재주밖에 없는 인간들은 이 책을 읽고 결점만을 찾아내어 비웃을지 모른다. 하지만 이는 선도(善道)에 반하는 무리로 천리(天理)에 어긋나고 따라서 그들은 사는 동안 평생 출세하지 못할 것이다. 이런 무리는 자만심에 사로잡힌 무리로 자신만 알아 인기를 얻지 못하고 일반 대중에게도 버림받기 쉽다. 선도에 반하는 자는 하늘의 이치를 바로 알고 다른 이에게 조롱 받더라도 사람의 근본을 보고 더 신중해져야 한다.

마음 습관이 운명이다

식사량을 보면
미래가 보인다

→ 이 내용은 몸의 움직임이 많지 않은 사람들에게 해당된다. 몸을 많이 쓰는 사람은 그 움직임에 따라 식사의 적량이 달라야 하며 신체의 크기, 노동의 강약에 따라서도 적정한 식사량은 바뀐다. 한 집안을 책임지는 사람이 아니라면 해당되지 않는 이야기들이다. 나이가 젊어도 한 집안을 책임지고 있는 사람이라면 그가 먹는 식사량에 따라 그 집안의 운명의 길흉이 결정된다. 무신 출신 집안의 식사에 대해서는 따로 다루도록 하겠다.

옛 선인들은 하늘에 녹(祿)이 없는 사람은 태어나지도 않는다 하였다. 사람에 따라 누구라도 하늘에서 정한 일정한 음식의 양이 있는데 이것을 '녹'이라 하였다. 따라서 녹이 없는 사람은 태어나지도 않는다 하였고 또 태어나는 것을 일컬어 천록(天祿)을 얻었다고 하였다. 이를 알지 못하고 함부로 욕심내어 먹는 사람은 하늘이 정해놓은 규율을 어기는 것이다.

생명이 있는 모든 것에는 하늘에서 베푸는 식사량이 정해져 있다. 생명을 유지하기 위해서는 반드시 음식이 있어야 한다. 즉 생명이 있으면 음식이 있다. 음식이 있으면 생명도 있다. 이를 통해 생명은 음식에 있다고 볼 수 있으며 음식은 생명을 유지하기 위한 근본으로 생애의 길흉이 그것을 통해 결정되니 두려워해야 할 것도 음식이고 신중해야 할 것도 음식이다. 이러니 음식보다 더 중요한 것이 또 어디에 있다 하겠는가.

➜ 식사량이 적은 사람은 관상이 좋지 않더라도 운세가 좋다. 그 나름의 축복받는 인생이기에 단명하지 않는다. 또 노후도 좋다.

➜ 식사를 항시 많이 하는 사람은 관상이 좋다 하여도 몸의 컨디션이 무너지기 쉬우며 손이 뒤틀리는 일도 많고 평생 스트레스가 끊이지 않으며 노후의 운세도 흉하다.

➜ 항상 자기 신분보다 과하게 맛있는 음식만 골라먹는 사람은 비록 관상이 길하다 해도 그 운세는 흉하다. 고치지 않으

마음 습관이 운명이다

면 집안이 몰락하고 출세나 성공할 일도 없다. 또 가난한 자가 미식을 고집할 경우에는 고생해서 일함에도 불구하고 나아지는 것 없이 평생 고생만 하게 될 것이다.

→ 계절 음식을 가장 먼저 먹으려 하는 사람은 부유한 상을 가지고 있다 해도 재산을 잃게 된다. 또 그 중에 빈곤한 상을 가진 자가 그리하면 그 덕을 다하여 행방불명이 될 수도 있다.

→ 소박한 음식을 먹는 사람은 설령 빈곤한 상이라 하더라도 재산이 모이게 되며 노후에는 안락한 생활을 하게 된다.

→ 소박한 음식을 먹는 사람, 소식(小食)하는 사람은 악상(惡相), 빈상(貧相)이라 할지라도 건강하게 장수하며 자손에게까지 재산이나 명예를 물려준다. 항상 음식을 검소하게 먹더라도 경우에 따라 대식하는 사람은 크게 망한다. 단, 시골에서 생활하는 사람은 이에 해당되지 않는다.

→ 식사의 양과 질을 엄중히 지키는 자는 악상(惡相)이라 하더라도 재산을 모으고 출세할 수 있다. 또 자식들에게 재산도

물려줄 수 있고 노후에도 길(吉)하다.

➔　소식이라도 식사의 양을 엄격히 정하고 지키는 사람은 설령 지금 빈곤하고 또 악상이라고 해도 그에 맞는 수복(壽福 : 오래 살며 길이 복을 누림)을 받아 모든 일이 잘 될 것이며 노후도 편하다. 겉보기에 약해 보일지라도 병에 걸려 고생하는 일이 없다.

➔　식사가 불규칙한 사람은 좋은 상을 가졌다 해도 그 운세가 흉하다. 무슨 일이든 이룰 것 같으면서도 이루지 못해 평생이 불안정하고 노후에는 특히 더 그렇게 된다. 가난한 자인 경우는 모든 것이 마음대로 되지 않고 일이 다 되다가도 마지막에 무너지게 된다.

➔　대식가에 또 식사 시간까지 불규칙하다면 말할 것도 없다. 고치지 않으면 재산도 잃고 병도 얻을 것이다. 젊고 상도 좋지 않으면 죽을 장소조차 점지할 수 없을 정도이다.

➔　매일의 식사량을 정해놓아도 때때로 조금의 변화라도 있다면 그 녹(祿)에도 변화가 생긴다. 식사가 변하지 않는다면 녹

　　　마음 습관이 운명이다

도 변하지 않고, 식녹(食祿)이 온전하다고 할 수 있다. 매일 먹는 식사량이 일정하다면 그것은 길상(吉相)이다. 그러나 많이 먹으려 하고 함부로 먹으려 든다면 정서가 온전치 못하고 될 일도 뜻대로 되지 않는다. 이런 종류는 설령 관상이 좋다 하더라도 하는 일마다 실패하며 평생에 걸쳐 생활이 불안정하고 고생만 한다.

재산을 많이 가진 자가 대식, 폭식할 경우에는 그 집안의 재산을 오랫동안 유지할 수 없다. 이것은 가운(家運)이 기울게 되는 전조라 보면 된다. 또 그러한 집안의 주인에게 부응하듯 식솔들도 많이 먹는다면 그 집안의 붕괴는 빨리 닥쳐올 것이다. 품성이 훌륭하고 건강해 보인다 하더라도 세 끼의 식사 시간과 식사량이 불규칙한 자는 녹이 안정치 못하고 심신도 불안정하다. 녹은 식사와 깊은 관련이 있다. 식사량과 시간을 엄격히 지키지 않으면 녹도 달라지고 나아가 건강도 안정치 못하게 된다.

2

좋은 것만
먹으면 망한다

→   적량보다 적게 먹는 사람은 딱히 나쁠 일이 없고 남편보
다 적게 먹는 아내는 나쁠 것이 없다. 반면 대식하는 사람은 강
하고 격렬해지고 자연스럽게 덕도 엷어진다. 식사량을 엄격히
지키는 자는 스스로 올바르게 노력하는 사람으로 비추어지고
자연스럽게 덕이 쌓인다. 하지만 적량을 지키지 않고 마구 먹으
려 하는 자는 당연히 바른 생활을 할 수 없고 성실치 못한 사
람으로 보여 덕과는 거리가 멀어진다.

→   아내가 대식하면 남편을 무시하거나 이혼하게 된다. 남자
처럼 식생활을 하는 아내라면 남편을 깔고 뭉개려 한다. 하지만
남편이 그 이상으로 대식하면 깔고 뭉갤 수가 없으므로 이혼으
로 이어지게 된다. 또 소식하면서도 남편을 무시하는 여자는 바

람을 피워서 남편을 고생시키는 악녀 타입이다.

→ 　매일 먹는 식사량이 일정한 사람이 갑자기 불규칙해진다면 그것은 반드시 어떠한 좋지 못한 변화가 있을 거라는 징조임을 알아야 한다. 빨리 원래의 규칙적인 상태로 돌아가야 한다. 이미 집안이 혼잡하고 마음이 흐트러져 있을 때는 분명 식사가 불규칙할 것이다. 하지만 만일 아직 아무 일도 일어나지 않았다면 불규칙한 식사는 앞으로 어려운 일이 일어날 것이라는 전조이다.

→ 　상속받을 재산이 있을 정도의 부유한 가정이라도 식구가 모두 좋은 것만 먹으려 한다면 그 집은 망하게 될 것이다. 아니면 가장이 죽을 전조이다.

→ 　옷차림이 엄격하고 훌륭해 보이는 사람이라도 식사가 불규칙한 자는 그 사람의 정신도 외관과 달리 불안정하며 겉만 번지르르하게 꾸미는 사람이다. 식사를 엄격히 지킬 줄 아는 사람은 마음가짐도 엄격히 다스릴 줄 알며 스스로에게 엄격해진다. 마음은 엄격하지 못하면서 옷차림만 중시한다면 이는 겉모습만

신경 쓰는 사람이다.

➡️ 젊어서부터 규칙적인 식사를 한 사람은 평생 병에 걸릴 일이 없고 고생하지 않을 뿐 아니라 입신양명할 수 있다. 비록 관상이 좋지 않더라도 그 운세가 흉(凶)이라 할 수 없으며 노후에도 길(吉)하다.

➡️ 설령 관상이 선하다 하여도 욕심 부려 대식하고 불규칙한 식사를 하는 자는 반드시 좋지 않은 일을 행한다. '귀인은 식(食)이 없고 소인은 식(食)이 있다'라는 말이 있는데 이것은 귀인은 과식하지 않으며 소인은 욕심 부려 많이 먹고 절제하지 않는다는 의미이다. 그래서 '귀인은 음식을 통해 천명을 알고 소인은 음식에서 병을 얻어 고통 속에 살아간다'라고도 한다. 적게 먹는 사람은 스스로 귀인이 되는 것이다.

➡️ 항상 소식하는 사람이 노후에 병을 얻어 음식 섭취가 적어지면 맥박, 혈색이 좋더라도 머지않아 죽는다. 하지만 이는 천수를 다했기 때문이므로 병으로 인한 고통도 없으며 주위에 폐도 끼치지 않는다.

마음 습관이 운명이다

➜　신분이 높은 사람 중 미천한 자가 먹는 음식들을 즐겨 자주 먹는 사람은 이미 미천한 자와 마음이 가까워진 것이며 죽음도 빨리 다가온다. '사람에게는 자기 신분에 맞는 식사가 있다'라고 하는데 미천한 이는 소박한 음식을 먹더라도 일반일채(一飯一茱 : 밥 하나에 반찬 한 가지)로 먹어야 한다.

➜　원래부터 음식을 절제하는 귀인은 따로 소박한 음식을 먹을 필요가 없다. 그럼에도 신중한 마음이 있어 검소하게 음식을 먹고 그 양도 소식으로 정했다면 그 집안이 오래 번창할 전조다. 이와 같은 마음가짐의 귀인은 새로운 업적을 그 자손에게 남기게 된다. 또 평생 동안 잔병이 없고 장수한다.

3

먹을 양은
정해져 있다

→ 50세도 안된 병자가 이미 죽을 관상을 하고 있더라도 항상 소식해왔다면 명을 늘릴 수 있다. 이런 형태의 병은 질병이 아니라 방재(方災)라고 한다. 인간의 생명은 본래 음식을 기본으로 하고 있기 때문에 항상 소식으로 식사량이 일정하고 규칙적이면 병에 걸리지 않는다. 하지만 방향에 따른 재액인 방재인 경우는 다르다. 방재에 걸리면 약도 소용없다. 그렇지만 소식하는 사람은 곡식 소비량도 적어서 낭비하는 법이 없고 생각지 못하게 천지의 덕을 쌓게 되어 방재가 있다 하더라도 죽지 않는다. 이와 같은 관상을 여럿 본 적이 있다.

→ 보통 57~8세가 된 사람이 큰 병에 걸렸을 때 혈색이 좋고 장수할 관상을 가지고 있다 하더라도 항상 많이 자주 먹으

려 한다면 그에게 임종이 가까워졌다고 볼 수 있다. 수명이 남아 있다 하더라도 이미 그 사람이 평생 먹을 식량을 다 먹었기 때문에 죽을 수밖에 없다. 명이 길고 짧은 것은 관상만으로는 파악하기 어렵다. 평상시 식사량과 습관을 통해 알 수 있는 것이 많다. 따라서 아픈 이의 관상을 볼 때는 반드시 평상시 식습관에 대해 묻는다.

→ 무병(無病)의 관상을 가지고 있다 하여도 젊어서부터 매일같이 맛있는 것만 골라 먹으려 하는 사람은 늙어서 소화계 질병을 앓게 되고, 먹고 싶어도 못 먹는 병을 얻게 된다. 덕이 부족한 사람은 중년에 집안을 파산시키고 맛있는 것도 못 먹게 된다. 병에는 걸리지 않더라도 말년의 운세가 좋지 않다. 관상이 좋더라도 젊어서부터 맛있는 것만 찾는다면 늙어서 먹지 못하는 병에 걸리게 된다. 미천한 자가 3년 동안 맛있는 것만 먹으려 한다면 말년의 행복은 생각할 수도 없고 생명까지 잃는다.

→ 관상이 매우 좋다 하더라도 젊었을 때부터 음식에 대해 교만하고 욕심부려 먹는 사람은 늙어서 부족하게 된다. 관상이 좋더라도 운세가 좋다고 할 수 없다. '달도 차면 기운다'라는 것

은 자연의 진리이니 가정 내의 재산이 없어지거나 후손을 못볼 수도 있다. 항상 대식하고 폭식하고 절제할 줄 모르는 자는 출세할 수 없으며 마침내는 떠돌다가 죽게 된다. 하지만 육체 노동을 하는 사람의 경우는 다르다.

대식하거나 절제 없이 폭식하더라도 관상에 복이 있는 사람은 떠돌다 죽지 아니한다. 그렇더라도 죽으려 누워 있을 때 사람들이 싫어하고 큰 고통을 받다가 죽는다. 반드시 긴 병을 앓고 오랜 기간 고생하다가 죽게 된다는 것을 알아야 한다. 빈곤하고 관상조차 나쁜 사람은 죽을 때 간병해주는 사람도 없고 물 한 잔 마시지도 못하다 죽는다.

➡ 중년에서 노년에 접어들 때까지 식생활에 절도가 정해져 있지 않으면 악재를 당하거나 뜻하지 않은 손실을 입어 쌓아놓은 것을 잃게 되며 평생 마음 고생이 끊이지 않는다.

➡ 나름 관상에 복이 있는 사람도 가정이 쇠퇴하여 다시 일어날 수 없다. 이것은 음식이 곧 기(氣)에 준하기 때문이다. 음식이 정해져 있지 않으면 기도 다스릴 수 없다. 우리가 매일 음식을 불규칙하게 먹으면 매사에 질서가 없게 되며 결국에는 손실

마음 습관이 운명이다

과 악재로 이어진다. 질서가 없으면 번성할 수도 없다. 따라서 음식을 정량, 규칙적으로 먹는 것이 기본이다. 규칙적인 식사는 기를 안정시키고 기가 차분해지면 마음이 안정된다. 또 마음이 안정된 상태에서 움직이면 재(災)가 생기지 않고 집안도 스스로 다스려진다.

➡ 노년의 관상이 좋지 않더라도 젊어서부터 식사를 절제하고 부족한 것을 견딘 자는 늙어서 반드시 풍족해진다. 또 노년의 좋지 않은 운세도 면하게 된다. 이와 같이 사람은 젊어서 절제하는 것을 제일의 미덕으로 삼으면 늙어서 흉악을 면할 수 있다. 노인의 경우도 3년 동안 절제하면 굶어죽는 상이라도 스스로 면할 수 있다. 이러한 경우를 많이 봐왔다. 노년에 관상이 좋지 않은 사람은 음식을 절제하여 노후를 즐겁게 보내도록 해야 한다.

➡ 무자식의 상이라도 젊어서부터 음식을 많이 먹지 않고 절제하면 후사를 얻을 수 있다. 젊어서부터 절제하고 평생 소식한 자는 늙어서 자손이라는 형태로 충족해진다. 또 죽은 후에도 그 사람의 영혼을 달래주는 후손이 있게 마련이다. 부자라

도 자식이 없으면 궁하고 처량하다. 따라서 자손이라는 것이 노년에 도달한 인간의 식록(食祿)과 같다.

→ 관상에 복이 있다 하더라도 음식에 절제를 모르면 타고난 관상이라 할 수 없다. 얼굴에 복이 있어도 음식에 욕심 부리는 자는 복이 어디에선가 새게 마련이다. 복이 있는 사람이 가난한 자와 같이 음식을 절제하면 재산을 지킬 수 있다. 만사가 충만할 때 그때가 내리막의 시작이다. 복(福)이 뒤집어지는 복(覆)으로 통할 수 있다. 즉 복이 충만할 때는 가난으로 전복될 수 있다는 것을 알고 주의해야 한다.

→ 인간이 누릴 수 있는 최고의 수명인 천수를 누리는 상으로 태어났다고 하여도 항상 불규칙하고 많이 먹으려 한다면 장수할 수 없다. 음식이 생명을 양육하는 것이므로 음식이 일정치 않으면 생명을 양육하는 것도 일정치 않으므로 천수를 누릴 수 없다. 식생활이 규칙적인 사람은 생명을 양육하는 일도 규칙적이기 때문에 규칙적인 수명을 지킬 수 있다. 이것을 장수 또는 천수라 한다.

➜ 　빈궁한 상을 가지고 단명할 운세라 하여도 절제하고 적량보다 소식한다면 단명하지 않고 빈곤도 면할 수 있다. 식사에 대해 아주 신중한 사람은 식사 외에 모든 일에 대해서도 신중하고 소홀히 하지 않기 때문에 그 사람에 배당된 만물이 천지를 돌면서 연장하게 된다. 그러므로 수명도 자연스럽게 늘어난다. 빈궁하고 단명할 상이라도 절제하고 검소한 식생활을 지키면 그에 걸맞은 복이 있어 장수하게 된다.

➜ 　크게 될 상이라도 게으르고 술과 고기를 즐기고 본업에 충실하지 못한 자는 성공하지 못한다. 이런 사람은 한량에게서 많이 볼 수 있는데 자신의 재산과 생명을 먹어치우는 인물이다. 크게 발전할 상이 아니라도 성공하고자 한다면 자신이 하고자 하는 일에 최선을 다하고 식사를 매일 엄중히 절제해야 한다. 또 뜻을 이룰 때까지 미식을 삼가면 자연히 발전하고 성공할 수 있다. 음식을 즐기고자 하는 마음으로는 성공을 기대할 수 없다. 음식은 발전과 성공의 근본이다. 먹는 데 시간을 헛되이 보내면 발전의 기본 또한 잃게 된다. 음식은 무서울 정도로 중요한 것이므로 절대 경시해서는 안 된다.

　보통 금은보화가 가장 중요하다고 하지만 사실 오곡보다 중한 것은 없다. 옛날 제후나 그 신하의 봉급을 금은으로 정하지 않고 쌀로 정한 것도 이러한 이유 때문이다. 왕도 오곡의 풍년을 기원할 정도로 음식이란 것이 그리 중한 것이다. 물가가 폭등했다고 해서 나라가 전복되는 일은 없지만 오곡은 나라를 망하게 하고 국민을 잃게도 할 수 있다.

→ 　항상 대식하는 사람은 병에 걸리면 음식을 먹지 못한다. 평상시에 소식하는 사람은 병에 걸릴 일도 없다. 하지만 혹시 걸렸다 하더라도 못 먹는 일은 없다. 대식하는 사람은 하늘에서 정해진 식록(食祿)은 바닥이 났는데 아직 명이 붙어 있으니 먹지 못한 채 오래 고생하다가 죽게 된다. 명이 있는데 먹질 못하니 결국엔 굶어 죽는다. 소식하는 자는 생명에 지장이 있다 하더라도 아직 식록(食祿)이 남아 있는 상태이다. 음식이 있는 곳에 반드시 생명이 있다는 진리에 따라 생명의 위협이 있어도 좀처럼 죽지 않는다. 따라서 소식하는 사람은 죽을 때도 고생하지 않고 긴 시간 투병하지도 않는다.

소식한다 하더라도 식사가 불규칙하면 병에 걸리기 쉽다. 또 대식하는 사람은 항상 배가 부른 상태에서 병에 걸리기 때문에 아플 때 식사를 못한다. 소식하는 사람은 큰 병을 앓지 않는다.

　　　　　　　　　　　　　　마음 습관이 운명이다

→ 급여가 정해져 있는 사람은 하루 세 번의 식사도 정해져 있다.

→ 급여가 정해지지 않은 자는 식사도 정해져 있지 않다.

→ 보통 급여가 정해져 있지 않은 사람은 신분이 낮거나 떠돌이 노동자가 많은데 그 이유는 식사가 일정치 않고 닥치는 대로 형편에 따라 생활하기 때문이다. 따라서 높은 급여를 필요로 하는 사람은 소식하고 3년 동안 음식을 절제하며 인덕을 쌓으면 비록 무록(無祿)의 상이라도 녹이 자연히 주어진다. 이러한 경우를 많이 보아왔다.

이것은 음식이 녹의 근본이기 때문이다. 식이 규칙적이지 않으면 녹도 불규칙하다. 우리가 보는 상에는 원래 길흉이 없다. 단 식생활을 규칙적으로 행하는 지를 보고 선하고 그렇지 않은 것을 따져서 악상(惡相)이라 한다. 배가 8할 정도 찼을 때 수저를 내려놓아야 한다. 하지만 무사들의 식생활은 이와는 다르다.

→ 무사들이 대식하는 것은 딱 잘라 나쁘다고 말하기 어렵다. 평화로운 시대에는 신도, 유학, 불법의 삼도에 의해 세상을

다스릴 수 있지만, 험한 난세에는 용감하게 싸우는 수라도(修羅道)로 악귀를 퇴치해서 천하를 다스리게 된다. 무사란 이 수라도(修羅道)에 속한다.

나라가 어지럽고 천하를 위해 싸울 때에는 전쟁 중이라 식사를 못 할 때가 많다. 영양을 충분히 보충해 두기 위해서는 지라와 위를 넓혀서 음식을 많이 먹어야 한다. 이것은 개인적인 욕망을 위해서가 아니라 천하를 평정하기 위함이므로 비상시에 많이 먹는 것이 허용된다. 하지만 진정한 무사는 식사를 신중히 하도록 해야 한다. 그리고 필요할 때만 많이 먹어야 한다. 이처럼 무사는 도량도 넓은 사람이다.

➜　봉급이 높은 무사로 대식하고 불규칙한 식사를 하는 자는 살벌한 정신을 가진 소유자라 할 수 있는데 일생 동안 반드시 큰 실패를 당하거나 큰 손실을 입게 된다. 단 우둔한 대식가는 예외이다. 무사로서 신체 건강히 출세하길 원한다면 먼저 음식을 엄중히 여기고 평상시에 대식하더라도 한 달에 한 번 내지는 두 번은 소박하게 먹어 위장을 크게 하는 훈련으로 유사시에 대비해야 한다. 이와 같은 마음가짐으로 준비하면 만사가 이에 따를 것이다. 군주나 선조들의 수라도가 대단했던 것을 생각

　　　　　　　　　　　　　　　마음 습관이 운명이다

하면 현재의 평온함은 오히려 두려워해야 할 일이다. 항상 이러한 것들을 염두에 두면 자연히 출세할 수 있다.

→ 출세가 보장된 집안의 무사로 태어났다 하더라도 음식을 함부로 여기는 자는 출세할 수 없다. 물론 음식을 엄중히 여기는 자는 관직에 출세한다. 무도에 통달하고 용감한 것은 무사로서 당연한 것으로 이것이 출세로 이어지는 것은 아니다. 하루 세 번의 식사는 모두 군주로부터 받은 식록이다. 이것을 절제 없이 함부로 먹어버리는 것은 받은 녹을 가볍게 보는 것이고 이는 군주를 가볍게 여기는 것과 동일하며 따라서 무사도에 어긋난다.

반면 음식을 절제하고 귀중히 여기는 자는 군주의 덕을 중시하는 자로 충성심이 깊다고 할 수 있다. 이러한 자는 출세하여 관직에 오를 수 있다. 이렇기 때문에 얼굴 관상만으로는 무사의 운명을 점칠 수 없는 것이다.

4

금전을 함부로
다루면 낭패

→　노동을 하는 사람이 대식하는 것은 무방하다. 노동은 자기 자신을 위해 일하는 것 같지만 사실 세상 모두를 위해 일하는 것이다. 그렇기 때문에 많이 먹지 않으면 그 일을 해낼 수 없다. 세상과 보살의 덕에 의해 부인과 자녀를 보살필 수 있는 것이다. 일하는 것도 그 은공인 것을 생각하면서 음식을 다뤄야 한다. 일을 많이 할 때는 양을 늘리고 일이 없을 때는 소식하고 정해진 양을 귀중히 먹으면 길게 일하지 않고서도 스스로 출세의 길로 들어서게 된다. 이렇게 노동을 하다가 출세한 경우는 세상에 많은데 이들은 모두 음식을 신중히 여기고 절제한 사람들이다.

→　복이 있는 상이라고 하여도 금전을 함부로 다루는 사람

은 복이 있다고 할 수 없으니 반드시 그 재산을 잃는다. 또 효도할 상이라도 효도한다 할 수 없으며 반드시 불효하게 된다. 금·은·동 이 세 가지는 나라를 움직이는 도구로 그 덕이 천하의 삼법삼덕과 같으며 이는 정(鼎 : 중국 고대 제례용 용기 중 하나로 세 개 혹은 네 개의 다리가 붙고 양쪽에 귀가 달린 형태)과 같아서 어느 것 하나 빠져서는 안 된다. 따라서 이 금·은·동 중 하나라도 결여되면 그 집에 더 이상 연기가 나지 않는다. 가령 단 1원이라 할지라도 부족하면 1만 원이라 할 수 없다. 그래서 작은 1원이라도 그 덕은 1만 원과 같다. 금전은 밤낮으로 천하를 돈다. 부모가 자식 생각하듯 그 구실을 다하고 그 은혜 또한 끝이 없다. 그렇기 때문에 돈을 소홀히 하는 것은 스스로 부모를 저버리는 것과 같고 그런 집안은 언젠간 망하게 된다.

돈을 집에 저축해두려면 항상 그 덕을 기리고 군주와 같이 존경해서 단돈 1원이라도 허투루 사용해서는 안 된다. 돈을 쓸 때는 마음속으로 그 돈이 다시 돌아오기를 비는 마음으로 쓰면 빈궁할 상이라도 돈을 모을 수 있다. 어디를 가든 자기를 존경해 주는 곳이어야 찾아가기 쉽고 찾아가서도 편히 머물 수 있다. 이와 반대의 경우는 찾아가기도 싫고 설령 간다고 해도 오래 있기 어렵다. 인생사 모두 같은 원리로 돈도 그러하다. 빈곤한 자나 재산을 탕진해 집을 잃은 자는 모두 돈을 소홀히 한 자들이다. 부자들이 돈을 취급하는 태도를 유심히 보면 돈을 존경하는 표정이 얼굴에 역력히 나타나 있다.

→ 정신착란을 일으키는 상을 가지고 있다 하여도 음식을 매일 규칙적으로 먹으면 착란을 일으키지 않을 수도 있다. 정신 착란을 일으키는 상을 가지고 있는 자가 음식을 함부로 여기면 반드시 착란을 일으키게 되는데 이는 마치 '여우가 달라붙은 꼴'이다. 이 경우 백일 동안 하루 세 끼의 밥 외에 아무것도 먹지 않으면 그 어떤 종류의 여우라도 나가떨어진다. 또 심하게 몇 년 동안 앓고 있는 경우라도 3년 동안 이런 식사를 지키면 자연히 낫는다. 이것은 붙어 있던 것이 떨어져 나가는 것이 아니라 음식을 절제하고 바르게 함으로써 정신이 스스로 맑아지고 간의 기가 자연히 다스려지기 때문에 가능한 것이다.

정신착란을 일으키는 자에게 아무 음식이나 함부로 주면 더욱 심한 상태에 빠지게 된다. 음식은 정신을 다스리는 근본인데 그 근본이 흔들리기 때문에 정신도 흔들리는 것이다.

→ 음식의 양이 신분에 맞게 정해져 있다 하더라도 매일 먹

는 음식이 신분 이상으로 사치스러운 자는 출세할 상을 가지고 태어났다 하더라도 출세할 수 없다. 음식은 반드시 자신의 신분과 분수에 맞추어 절제해야 한다. 군주에게는 군주의 식사가 있고 고관대작도 그 직급에 따라 그 나름의 음식이 정해져 있다. 벼슬이 없는 자가 고관의 음식을 먹는다면 이미 음식이 고관의 위치에 있는 것과 같기 때문에 결과적으로 관직에 오를 수 없다. 그래서 출세할 상을 가지고 있어도 필요 이상의 사치스러운 음식을 즐기면 출세할 수 없다고 하는 것이다.

중간 벼슬의 사람이 낮은 관직의 음식을 즐기면 추후 자신의 봉록이 그만큼 올라가는 결과가 되어 상위의 관직에 오를 수 있다. 중간 벼슬의 사람이 그에 걸맞은 음식을 먹는다면 아무런 발전이 없다. 따라서 출세를 바라는 자는 매일 밥에 반찬 하나의 생활을 엄격히 지켜야 한다. 이러면 반드시 출세한다.

➜　노동하는 자는 대식해도 된다고 해서 매일 대식하면 그 것이 쌓여 점점 더 가난해진다. 스스로 가난에서 벗어나려면 식생활을 절제하고 엄중히 지켜야 한다. 노동자는 많이 먹어도 된다고 해서 항상 대식하면 하늘과 땅 모두에게 빚을 지게 되고 결국 평생 일해야 한다. 이것은 천지에 빚이 있어 일하지 않

으면 먹지 못하는 것과 같고 가난한 자가 매일 빚을 갚지 않으면 빌려줄 사람이 없어지는 이치와도 같다. 그래서 하늘과 땅, 사람은 일체라 하였다.

자신의 분량보다 대식하는 자는 출세하지 못하고 평생 일해야 한다. 반면 일도 열심히 하고 대식하는 자가 음식을 절제하고 아끼면 하늘에서 내려주는 식록이 연장되어 자연히 여록(餘祿)이 생기고 여생을 편히 보낼 수 있게 된다. 매일 열심히 일해 벌면 출세할 수 있는데 이 경우 절약하고 조금이라도 하늘에서 내려준 식록을 연장하여 그것을 기반으로 출세하는 것 이외에는 방법이 없다.

좋은 옷을 입고 하고 싶은 것을 다 하고 출세를 바라는 것은 어리석은 짓이다. 반복해서 말하지만 음식을 절제하고 엄중히 다루는 것이 가장 기본이다. 물건이 없기 때문에 일하는 것이지 물건이 충족되면 굳이 일할 필요가 없다. 물건도 충족되고 일도 충족되는 경우는 이 세상에 없다.

마음 습관이 운명이다

빌린 것은 반드시
갚아야 한다

→　사람의 인격은 음식을 얼마나 신중히 다루느냐에 따라 결정된다. 이름 높은 스님의 지혜가 세상 사람들로부터 존경받는 것은 스님들이 대체로 음식을 절제하고 삼가기 때문이다. 아무리 박학한 자일지라도 음식을 절제하지 않고 마구 먹으면 존경받지 못한다.

→　적량보다 많이 먹는 자는 운이 좋다고 해도 뜻대로 일이 되지 않거나 뜻밖의 손실 등이 많다. 하늘에서 내려준 것 중에 한정된 것이 바로 음식이다. 이 음식을 불필요하게 많이 먹으려 하는 자는 매일 하늘에 빚을 지고 있는 것이다. 먹어버린 음식은 모두 분뇨로 변하기 때문에 다시 세상에 돌아올 일도 없다. 이와 같은 사람은 언제 하늘에 빚을 갚을 것인가? 빚진 곳이

사람이라면 재촉하겠지만 하늘은 독촉도 없이 쌓아만 놓는다. 그렇게 되면 사람은 자연히 죽는 것 외엔 별 도리가 없다. 그 대(代)에 거둬들이지 못하면 자손으로부터 거둬들이고 자손에게서 거둬들이지 못하면 그 집안을 망하게 하여 아예 그 계를 단절시켜 버린다.

빌린 것을 갚는 것은 천지의 진리이다. 적량보다 많이 먹는 자는 운이 좋더라도 불운의 악재, 손실이 많다는 것을 명심하고 이것은 하늘이 우리를 훈계하기 위한 것임을 알아야 한다.

➜ 액이 있는 해에 큰 어려움이 있는 관상이라 할지라도 항상 음식에 겸손하고 절제하는 사람은 어려움을 피할 수 있다. 항상 많이 먹고 불규칙적으로 먹는 사람은 반드시 액이 있는 해에 어려움을 겪는다. 인간은 생후 3세까지 그리고 41세부터 43세까지 액년이다. 액년의 난(難)에서 벗어나기 위해서는 액년이 시작되는 3년 전부터 자기가 믿는 신불에 기도해야 한다. 그 기도에는 형식이 있는데 이는 자신이 먹는 음식의 반을 줄여서 그것을 신불에게 바치는 것이다. 신불에게 바친다는 것은 어떤 정해진 방법이 있는 것이 아니다. 매일 세 번의 식사에서 반 공기를 신불에게 바친다 생각하고 그 반 공기의 밥을 먹지 않으면

마음 습관이 운명이다

된다. 음식의 종류는 상관없으며 3년 동안 덜 먹고 신불에게 바치는 것이 중요하다. 3년 동안 계속하면 단명의 상은 장수하는 상으로 변하고, 불쌍히 여겨 돌봄을 받아야 할 상은 복이 있는 상으로 변한다.

대단히 좋은 일이 일어날 상을 가지고 있다 해도 음식에 절제가 없고 대식하면 좋은 일은 일어나지 않는다. 가까운 시일 안에 대단히 좋은 일이 일어날 것 같은 혈색이나 상이 들어 있다고 해도 실현되지 않는 경우가 많다. 물론 아주 작은 경사 정도는 일어날 수 있다.

➜ 술이나 고기를 좋아하고 많이 먹어 뚱뚱해 보이는 자는 평생 출세하지 못하고 이를 자제하지 않으면 노후도 편치 못하다. 술과 고기를 많이 먹으면 피부가 팽창돼서 뼈에 붙어 있지 못한다. 그래서 피부가 땡땡해 보일 뿐 꼭 살이 찐 것은 아니다. 술과 고기가 혈액을 증가시켜 정신을 이완시키고 피부를 팽창시켜 살이 쪄 있는 것처럼 보일 뿐이다.

사람의 근본은 정신이다. 따라서 정신이 올바르면 기운도 올바르고 몸도 올바르기 때문에 자기 발전과 출세도 할 수 있다. 정신이 올바르지 않은데 출세한 사람은 천하에 아무도 없다.

➜ 술과 고기를 먹지 않더라도 맛있는 것만 고집하여 많이 먹으려 하는 자는 먹은 것이 온전히 살이 되는 것이 아니라 썩은 살이 되기 때문에 평생 출세할 수 없다. 과식하여 배가 부르면 정신이 무거워지면서 졸음이 몰려온다. 잠을 잔 후에도 몸이 무겁고 개운하지 않다. 이러한 것은 모두 과식 때문에 심기가 풀려 온몸의 근육이 조여 들지 못했기 때문에 생기는 현상이다. 따라서 자기 몫 이상으로 대식하는 사람은 평생 일을 제대로 해낼 수 없다. 반면 항상 과식을 하는데도 점점 마르는 사람이 있다. 이는 음식으로 병을 얻어 죽을 날을 받아 놓은 사람이다. 물론 선천적으로 심기가 강한 경우 많이 마시고 많이 먹어도 근육이 이완되지 않을 수 있다.

➜ 분량보다 많이 먹어도 장수하는 사람이 있는데 이는 하늘로부터 받은 녹이 많은 자이다. 대체적으로 피부가 두꺼운 사람이 천록이 많다. 그런데도 가난한 사람은 모두 절제하지 않고 식록을 다 먹어 치운 사람이다. 이와 같은 사람은 죽을 때까지 안심할 수 없다.

➜ 사람이 고령에 도달하면 체력이 현저히 떨어지기 때문에

마음 습관이 운명이다

육식을 통해 노쇠함을 보충해야 한다. 물론 이 경우에도 어느 정도의 절도가 있어야 한다. 어린 나무는 아무것도 하지 않아도 말라 죽지 않지만, 노목(老木)은 거름 등을 주어야 그 자태가 유지된다. 이와 마찬가지로 노인도 음식이 있어야 그 생을 유지할 수 있다. 물론 젊어서부터 대식하고 과식했다면 노령에 들어가기 전에 이미 생을 마감했을 것이다. 그렇기 때문에 젊어서부터 음식을 절제하는 것을 기본으로 삼아 스스로 식록을 연장해서 장생하는 것이 효의 기본이다.

→ 항상 고기를 좋아하고 많이 먹으려는 사람은 마음가짐에 문제가 있다. 수명이 남아 있다 하더라도 그것은 남아 있다 할 수 없다. 번화가의 사람들은 미식과 육식을 항시 즐기는데 산짐승을 죽여 그 살을 많이 먹으면 인간의 의식은 스스로 교만해지고 더러워진다.

그러나 항상 채소와 곡식을 중심으로 검소하게 음식을 먹는 사람은 모든 일에 조심하니 더러운 마음을 가질 일도 없다. 그래서 시골 산촌에는 악인이 별로 없으며 범죄가 적고 복잡한 도시에는 악인이 많다. 또 닭과 생선의 생명을 앗아 음식으로 먹게 되므로 장수할 운명도 단명으로 바뀐다. 그래서 도시 사람들은 대체적으로 단명하고 산골에 사는 사람들은 대체적으로 장수한다. 도시 사람은 미식을 많이 하여 마음에 안정을 찾기 어렵고 시골 사람은 검소한 식사를 즐기기 때문에 마음이 안정된다. 육식을 하더라도 올바로 조금씩 먹으면 생명을 양육하여 그 수명을 유지할 수 있다. 새와 짐승은 원래 사람에게 먹힘으로써 그 역할을 다한 셈이고 일종의 자비로운 행동이기 때문이다.

많이 먹을 때 병이 생기고 생명에도 지장이 생기는데, 이 경우에 인간은 자신의 잘못을 탓하지 않고 자신이 먹은 새와 짐승을 원망한다. 짐승은 자신의 목숨을 바쳐 인간의 생명 유지에 일조하지 못하면 본래의 세계로 돌아갈 수 없어 우주에서 방황하게 된다. 이를 살생계라 한다.

스님이라 할지라도 고기를 절제하여 적은 양을 먹으면 몸을 크게 양육하고 불도를 수행하는 데 도움이 되므로 이를 파계라 볼 수 없다. 단 불법을 잊고 육식을 함부로 먹으면 그는 파계승이다.

➜　　아이의 빈궁한 관상은 그 부모가 절제하고 삼가면 함부로 빈상(貧相), 악상(惡相)이라 할 수 없다. 부모가 어떻게 하느냐

에 따라 아이의 악상도 선하게 바꿀 수 있다. 이는 아이에게 있어 부모는 근본이기 때문에 그 근본이 바르면 자녀도 저절로 바르게 되는 이치이다.

아이가 아직 태어나기 전이라고는 하나 그 과거의 인연을 풀어주는 것이 부모로서의 도리이다. 부모가 이것을 풀지 못할 때는 아이가 커서 스스로 풀 수밖에 없다. 나쁜 인연을 풀기 위해서는 음덕을 쌓는 것 외에는 방법이 없다. 흔히 자선 사업이나 방생 등을 음덕을 쌓는 것이라 생각하지만 사람들에게 알려지는 것은 음덕이라 할 수 없다.

진정한 음덕은 매일 먹는 식사를 예를 들어, 밥 반 공기 정도만 먹지 않고 절약하여 남을 돕는 행위를 말한다. 이것은 자기 자신 외에 아무도 아는 사람이 없기 때문에 진정한 음덕이라 할 수 있다. 한 숟가락이라도 매일 끼니마다 실천한다면 자식은 물론 자신의 나쁜 인연도 풀 수 있다.

→ 극악의 빈궁한 관상이라도 음식을 신중히 절제하고 검약하면 복이 있는 관상으로 바뀌는 경우가 많다. 따라서 빈궁한 상을 지닌 자는 속는 셈 치고서라도 음식을 절제해 볼 필요가 있다. 나니와[浪花]라는 고장에 요시키[佳喜]라는 사람이 살고 있

었다. 그는 젊었을 때 도박을 직업으로 하는 방탕무뢰한 사람이었다. 이 사람의 상은 엄청나게 빈곤한 상에 몸의 어느 한 곳이 불구가 될 상이었다. 그러나 이 사람은 어릴 때부터 물건 하나 허투루 쓰지 않고 직업상 돈의 흐름이 불규칙했지만 매일 먹는 음식에는 사치하지 않고 특히 죽을 즐겨 먹었다. 또 강에 흘러가는 물건이나 땅에 떨어져 있는 것을 주워 와서는 타는 것은 땔감으로 쓰고 음식은 본인의 식량으로 때우며 절대 과식하지 않았다. 그는 배운 것도 없는 무학이었지만 자연히 만물의 덕을 쌓아 만년에는 행복하게 살았다. 아무리 극악의 빈궁한 상일지라도 만물을 검약하고 이를 지키면 입신 출세할 수 있다. 따라서 관상을 논할 때에는 신중해야 한다.

➡ 대식하는 것만큼 큰 불효는 없다. 효심이 깊은 관상이라 할지라도 항시 많이 먹고 폭식한다면 결국엔 병을 얻어 부모로부터 물려받은 건강을 잃게 된다. 이는 신체발부를 손상시키는 것이니 이것을 이길 불효는 없다. 효를 모른다 하여도 음식을 절제하고 삼가는 것은 효의 시작이라 할 수 있다. 음식을 절제하지 않으면 스스로 병을 얻는다는 것을 효경(孝經)을 가르치는 사람도 모른다. 반면 음식을 절제하고 삼가는 사람은 도를 배우

마음 습관이 운명이다

지 않아도 그 도에 가깝다.

→   관상의 길흉을 논하지 않고 입신 출세하길 원한다면 먼저 식사를 줄이고 이것을 매일 엄중히 지켜야 한다. 이것을 쉽게 잘 지켜내면 반드시 성공한다. 만약 잘 지키지 못한다면 평생 출세는 없다. 음식을 절제하고 삼가고자 하는 것은 마음을 가라앉히고 몸을 지키는 근본이다. 이것을 모르는 사람은 음식을 절제하려고 해도 좀처럼 지키기 어렵다. 음식에 마음이 끌리고 집착하는 사람은 금수와 같이, 될 대로 되는 삶을 살게 된다.

6

물을 낭비하면
단명한다

➜　집안의 운[家運]이 다한 집도 그 집안의 주인이 음식을 절
제하고 그것을 엄중히 지키면 다시 일어나서 번창할 수 있다.
한 집안의 주인은 그 집의 신과 같다. 가운이 다했다 하더라도
그 주인이 음식을 절제하고 엄중히 지킨다면 그 집은 망하지
않는다. 하지만 그 주인이 이를 지키지 못하면 가운이 기울어
스스로 망하게 될 것이다.

➜　빈궁의 상을 지녔다 하더라도 스스로 그것을 알고 진지
하게 받아들여 자기 분수에 맞게 조식(粗食)하고 이를 엄격히 지
킨 자는 빈궁의 운명에서 벗어나 상당한 재산을 모을 수 있다.
이를 자복자덕(自福自德)이라 한다. 가난을 비관하고 허세를 부린
다면 덕을 잃고 점점 더 가난해진다. 사람은 눈앞의 행복을 얻

　　마음 습관이 운명이다

는 것보다 천지의 덕을 얻고자 해야 한다. 그러면 당연히 복과 덕이 자연스럽게 찾아온다. 음식을 어찌해야 할지 고민만 하다가는 스스로 빈곤해지게 되는 자업자득의 결과로 이어진다. 음식을 절제하고 삼가는 경우에도 야채와 과일은 많이 먹어도 상관없다.

➜ 사농공상(士農工商) 외의 직업 중에서 예술적으로 한 가지 일에 종사하고자 하는 사람은 먼저 음식을 절제하고 여자를 멀리해야 한다. 수행이 대체적으로 끝날 때쯤에는 여자를 가까이해도 상관없다. 하지만 순종하지 않고 자신의 일을 이해하지 못하는 여자는 만나면 안 된다. 만약에 그런 여자를 만나면 자신의 이름을 더럽히고 일을 방해하게 될 것이다. 우둔하다 할지라도 남자는 이치를 알면 이해할 수 있지만 여자는 그렇지 않다. 이것을 명심하고 또 명심해야 한다.

또 처복이 없는 사람은 본인이 하고자 하는 일에 도가 통한 상을 가지고 있다. 세상 사람들을 위해 깊이 연구하고 연구한 것을 자손으로 여기고 이로 부모에게 효도한다면 그 효행은 오래도록 세상 사람들 사이에서 남아 없어지지 않는다.

➜　장수할 상을 가졌다 하여도 물을 낭비하는 사람은 장수하지 못한다. 만일 오래 산다 하여도 점점 가난해져 노년이 흉하게 되고 자식복도 엷어진다. 또 밝은 빛을 좋아해서 기름을 낭비하는 자는 장수할 수 없다. 지금부터 말하는 것을 잘 새기고 지키면 자연스럽게 생명과 복을 지킬 수 있다.

　물은 몸에서 신장에 해당하는데 이러한 신장의 이상은 배설 장애를 가져와 만병의 근원이 된다. 따라서 물을 함부로 쓰는 사람은 신장이 손상되고 신장이 손상되면 생명에도 위협이 되어 장수하기 어렵다.

　물은 나무를 키우고 생물을 양육하는 근본이다. 이 근본을 함부로 하는 사람은 태어나고 자라는 것을 스스로 엷게 하여 자연히 자식도 안 생긴다. 또 살아 있는 것을 차례로 잃게 된다. 따라서 신장의 건강을 키우고 복을 얻고자 한다면 반드시 물을 중요하게 여겨야 한다. 등불을 높이려는 자는 흥분하기 좋아하는 사람이다. 신장이 허한 사람은 어두운 것을 싫어한다. 이런 사람이 불을 계속 밝히려 한다면 점차 신장이 더 허해진다.

➜　부유한 상을 갖고 있다고 해도 종이를 허투루 쓰는 사람은 부유하다 할 수 없다. 또 덕이 있는 자라 해도 이러한 사람

은 덕이 있다 할 수 없다. 하물며 가난한 자가 이와 같다면 평생을 가난하게 살다가 마치게 된다. 이유는 다음과 같다. 종이는 물로 만들어진다. 선인들이 말하길 종이로 물 한 말을 쓴다고 하였다. 종이 한 장이라도 물 한 말을 써야 백지를 만들 수 있다. 그리고 종이는 신(神)과 통하는 것으로 바르고 깨끗하다. 그래서 종이에 흔적을 남기는 일은 중요한 것으로 길흉을 분명히 하는 신의 행동과도 같다. 이것을 함부로 하는 자는 신의 덕을 크게 잃어 평생 가난에서 벗어나기 어렵다. 하지만 코를 푼다든지 화장실에서 쓰는 휴지를 만드는 데는 물을 많이 사용하지 않으므로 이런 종이를 쓰는 것은 죄가 되지 않는다. 또, 백지라 하더라도 그 용도에 알맞게 사용하는 것은 잘못이 아니다. 하지만 함부로 막 쓰는 사람은 크게 덕을 잃는 것이다.

신중치 못한 사람은 백지를 가지고도 휴지처럼 사용하고 버린다. 또 조금 신중한 사람은 네댓 번 사용하고 화장실에 버린다. 하지만 정말 신중한 사람은 화장실에 버리지 않고 종이를 모아 제작소에 가지고 간다. 이것을 음덕이라고 한다. 화장실에 버려지는 순간 종이는 다시는 백지로 돌아올 수 없다. 산골에는 종이를 제작하는 곳 또한 없어서 백지를 많이 손실하는데 이를 다시 제작소에 가지고 온다는 것은 크나큰 음덕을 쌓는 것이다.

➜　일상 생활에 사용하는 물건들을 처음에는 소중하게 사용하고 낡으면 소홀히 다루는 사람은 성실하다 할 수 없다. 이런 사람은 성실한 관상을 가졌다 하여도 반드시 성공하지 못한다. 토기는 땅에 묻어주고 나무는 태워서 다시 자연으로 돌려주는 것이 자비이다. 이렇게 행하는 사람은 관상과 상관없이 성공한다. 매일 하는 일과 매일 다루는 물건에 따라 평생의 관상이 나타난다. 이것이 자연의 진리이다.

➜　관상이 좋다 하더라도 바둑과 장기를 지나치게 좋아하는 사람은 평생 성공하지 못한다. 이를 직업으로 하는 사람은 예외이다. 몸과 마음을 닦고 집안 일을 다스리는 자는 크게 흥하지만 이를 즐기는 자는 하고자 하는 일을 이룰 수 없다.

유희는 즐겁게 놀 수 있는 수단이 되어야 한다. 진정으로 출세 영달하기 원하는 자는 한 눈 팔지 않고 한 길만 가야 한다. 그럴 때 그 염원이 언젠가는 하늘에 닿아 자연히 때를 얻어 이룰 수 있다. 적은 시간이라도 유희에 정신이 팔리면 크게 흉하게 된다. 집안 일이 아무리 바빠도 그것 때문에 대망을 잊어버리지는 않지만 유희에는 한번 빠지면 자기 자신을 잃을 정도로 즐기게 되기 때문에 위험하다.

　　　　　　　　　　　　　　마음 습관이 운명이다

→ 운이 좋은 집안이라도 마당에 인공적으로 만든 동산이나 연못이 있으면 운이 쇠퇴하거나 그 이상 가운이 번창할 수 없다. 산이나 바다를 자신의 마당에 들여 즐기고자 함은 고위 관직의 사람들이나 하는 일이다. 그런데 그렇지 않은 사람이 그와 같은 취미를 갖는다는 것은 이미 그 마음속이 고위 관직에 오른 자들과 다를 바 없기 때문에 그 이상 출세할 수 없다. 설령 부자라도 그 이상 부를 축적하지는 못한다. 선조의 덕이 두텁고 가운이 크게 좋다면 그 집안은 망하지는 않겠지만 단언컨대 더 크게 발전하지는 못한다. 만약 집안의 운이 기울지 않으면 집안에 뜻하지 않은 일이 생기거나 가족들이 질병으로 고생하게 된다. 이러한 경우를 많이 보아왔다.

집 안에 인공적으로 만든 동산이나 연못이 있는 사람은 빨리 그것을 치우고 자신이 모시는 신불을 모셔놓고 자기 몫의 음식을 감량해서 감량한 만큼의 식량을 헌납하고 그 헌납한 식량을 가난한 자를 위해 시주해야 한다. 그렇게 되면 자연히 집안이 번성해진다. 하지만 자기가 먹을 것을 충분히 먹은 후에 신에게 헌납하는 경우에는 집안이 번성하지 못한다. 반드시 자기가 먹을 것을 감량해서 신불에게 바쳐야 된다.

불을 발로
비벼 끄면 안된다

→ 출세 영달할 상을 가지고 있어도 마당에 화단을 높이 세우고 그것을 즐기는 자는 평생 출세하지 못한다. 이것 또한 고위 관직이 즐기는 취미로, 그렇지 못한 자가 이를 즐기는 것은 이미 천지의 덕을 다 쓴 것과 같다. 그러므로 더 위로 올라가지 못한다. 신분이 높은 고위 관직의 사람이 자신만을 위해서 마당을 가꾸는 것 또한 좋지 않다. 하지만 남을 접대하기 위해서라면 무방하다.

대지는 만물의 어머니이다. 씨를 뿌리면 생명이 자라난다. 마당이 넓으면 열매를 맺는 과일 종류를 심는 것이 좋은데 이는 곧 천지의 덕을 쌓는 것이라 볼 수 있다. 천지의 힘으로 열매와 먹을거리가 자라는데 이것은 곧 생명을 지탱하는 덕을 스스로 만드는 것과 같다. 이렇게 귀한 덕을 모르고 스스로 오로지 즐

마음 습관이 운명이다

기기 위해서만 마당을 가꾸는 것은 자연히 덕을 해치는 것과 같아 더 이상 발전하기 어렵다.

정원에 보기 좋게 야채나 과일 등을 가꾸는 집이 있는데 이 집들의 공통점을 살펴보니 모두 출세한 집안으로 그러한 집들은 앞으로도 점점 가운이 더욱 번성할 것이다.

➜ 관상이 좋더라도 불필요하게 불을 피우거나 불을 끌 때 발로 비벼 끄는 사람은 평생 출세하지 못한다. 불은 태양이라고 볼 수 있는데 불을 발로 밟아 끄는 것은 왕을 자신의 발 밑에 두는 행위와 같다. 불은 음식을 익히기 위해 필요한 것으로 하루라도 불을 사용하지 않으면 사람의 목숨을 유지하기 어렵다. 따라서 익히기 위해 필요한 불의 중요성을 망각하고 함부로 쓰고 함부로 끄는 자는 만사가 순조롭지 않을 것이다.

불에는 에너지를 만드는 기운이 있는데 불을 함부로 사용하는 자는 그 기운도 잃게 된다. 이러한 자는 모두 음식의 중요성도 모르며 불의 소중함도 모르는 자들로 평생 우환이 끊이지 않는다.

➜ 음식을 엄격히 절제하고 삼가는 자의 표정과 혈색에는

기백이 느껴지는 반면, 폭식하고 대식하는 자에게서는 그러한 기백을 찾아볼 수 없다. 기백이 있는 사람의 혈색은 변함이 없고 그렇지 않은 자의 혈색은 안정적이지 못하며 변하기 쉽다. 이러한 자들은 운이 길하다 하여도 흉으로 변하기 쉽다.

음식을 엄격히 절제하는 사람은 근육이 수축되어 야윈 것처럼 보이지만 그 혈색에는 기백이 있다. 이는 마른 것처럼 보이지만 정신은 살져 있다. 반대로 음식을 절제할 줄 모르고 그 중요성을 모르는 자는 기운이 처지고 기(氣)가 야위었다 할 수 있으며 혈색 또한 기백을 찾아볼 수 없다.

사람의 몸이 말랐다는 것은 심장, 간장, 폐가 피로하여 내장이 쇠약해지고 살이 빠져 피부색이 어두워지는 것이다. 이렇게 된 것이 진짜로 마른 것이다. 하지만 음식을 절제해서 마른 자는 얼핏 보기에는 야윈 것 같아도 혈색이 좋고 피부에 윤기가 흐른다.

PART **2**

상법수신록
제2권

아내는
집안의 보물이다

Q 저는 한 가지 일에 전념하여 성공하고자 여러모로 힘쓰고 있는데 처자식이 크게 방해가 됩니다. 특히나 제 처는 악녀로 저를 괴롭히니 의욕도 사라지고 하고자 하는 일에 전념할 수도 없습니다. 이를 어쩌면 좋을까요?

A 평범한 자가 한 가지 일에 전념할 때는 여자에 좌지우지되지 말고 그 일에 전념해야 한다. 마음가짐이 태양과 같다면 어둠이 방해를 해도 그 빛이 항상 천하를 꿰뚫을 것이다. 스스로 태양처럼 강렬하지 못한 자가 크게 그늘진 아내를 구하였기 때문에 자연히 방해를 받으며 곤란을 느끼게 된다. 남편이 양이고 아내가 음인 것이 섭리인데 그 아내가 양인 남편에게 순종하지 않으면 음양의 조화가 이루어질 수 없다. 음양의

조화를 이루지 못하면 남편이 하고자 하는 일을 이룰 수 없다. 아내가 순종하지 않는 동안은 당신은 하고자 하는 일을 이룰 수 없고 세상 사람들이 당신을 존중하는 일도 없다. 아내 한 사람도 당신의 뜻에 순종하지 않는데 어찌 세상 사람들이 당신을 따르겠는가?

사농공상에 종사하는 자의 아내가 순종적이면 일이 저절로 성취되고 집안도 자연히 날로 번성해진다. 또 집안이 흔들리는 일도 모두 아내로부터 시작된다. 원래 아내는 그 집안의 보물로 그 보물이 불안하면 집안의 가장도 잘 될 수가 없다.

한 집안의 아내가 도맡아 관리하는 곳을 정소(政所)라 하였다. 아내는 음으로 북방에 위치해서 남양의 남편에게 순종하고 있으므로 한 집안의 중심이라 할 수 있다. 또 북방은 만물을 생육하는 토대로, 언제든 남쪽의 양(陽)의 기운인 남편을 받드는 것을 가리켜 대소(臺所 : 일본 부엌을 가리킴)라 하였다. 아내는 음으로 깊숙한 안쪽에 위치하여 잘 안 나오는 곳에 있다 하여 안사람이라고도 한다. 모름지기 아내는 남편에게 순종하고 내조하는 것으로 그 존재가 귀하고 자랑스럽다. 하지만 그렇지 않으면 아내는 집안의 보배가 아니라 한 집안의 악귀로 그 집안을 파멸시킨다. 악처가 집안에 있다면 그 집안은 되는 일도 없고 또 남편이 자기의 뜻을 펼쳐 나갈 수도 없다.

불설(佛說)에 의하면 어떤 일에 뛰어난 자는 반드시 악귀가 아내나 자식, 친구로 둔갑하여 일을 방해할 수도 있다고 하였다. 일에 방해가 되는 아내라면 당신의 원수인 악귀이기 때문에 하루빨리 헤어지는 것이 좋다. 《대반야경》에 의하면 악귀가 자신의 적이 되었을 때 하루속히 인연을 끊어주면 도리어 선신으로 변해서 자신을 수호해준다고 하였다. 따라서 악처와 헤어졌더라도 그 악처가 선심으로 당신에게 순종할 때는 다시 아내로 맞이하여도 괜찮다. 그러나 설령 아내가 악귀라 하여도 자식이 있을 때 이혼하는 것은 큰 죄를 짓는 것이다. 나도 이 길에 전념하고자 수년 동안 노력해왔지만 이와 같은 아내로 인해 고생하였다. 옛 성인 중에도 악처로 인해 애를 먹었다는 기록이 있다.

Q 선생님은 음식을 엄중히 절제하는 것에 대해서만 열변하고 운세의 길흉에 대해서는 별로 언급하지 않습니다. 이는 관상을 보는 사람으로서의 소임을 다하지 않는 것 같습니다. 지난 일은 접어두더라도 옛 선인들의 책을 배워서 주변의 길흉에 대해 말씀해주십시오.

A 나는 어려서 부모를 여의고 글자를 배우지 못하고 따라서 책을 보지 못하였고 스승에게 관상법을 들어도 그때뿐 옛 성인들의 볼품없는 말을 듣는 것도 싫어했다. 그런데 문중의 고매한 학자가 3년 전 나에게 〈대학삼강령〉을 읽어주었다. 47세에 처음으로 이를 듣고 상법의 훌륭한 덕행에 대해 알게 되었다. 내가 보는 상이란 몸을 정갈히 하고 천하를 다스리는 대도라는 것을 스스로 알았다. 그래서 대중을 모으고 그 길을 설명하기 위해 길흉을 말하게 된 것이다. 최근에는 사람을 불러 모아 길흉에 대해 말하는 것은 적고 음식을 기본으로 한 이야기를 주로 한다. 왜냐하면 인간의 길흉은 음식이 기본이 되고 모두 음식을 통해 시작되기 때문이다.

마음 습관이 운명이다

방생의 공덕

Q 음덕이나 양덕을 쌓기 위해서 방생을 한다든지 또는 음식이나 재물을 시주하는 것이 좋습니까?

A 어떠한 이익을 바라고 행하는 것은 잘못된 일이다. 생이 있으면 당연히 사가 있고 죽여야 할 필요에 의해 죽이는 것은 죄가 되지 않는다. 또 구해야 할 때는 당연히 구하며 이것에 어떠한 이익이 있는 것은 아니다. 살고 죽는 것은 모두 하늘의 뜻이다. 당신이 베푼다고 하는데 무엇을 가지고 음덕을 쌓았다 할 수 있단 말인가? 당신의 재산은 천하의 재산이지 당신의 것이 아니다. 우리가 무엇을 가지고 태어났으며 무엇을 가지고 베풀었다 할 수 있는가. 유일하게 이 세상에 갖고 태어난 것은 음식뿐이다. 따라서 음식을 베푸는 것이 진정한 의미

의 음덕을 쌓는 일이다. 그렇다고 자신이 먹을 만큼 충분히 먹은 후에 베푸는 것은 옳지 않으며 베풀었다 할 수 없다. 우리에게 밥 한 공기가 주어진다면 식사량을 감량해 배고픔을 참고 반 공기는 남에게 베푸는 것이 음덕이라 할 수 있다. 항상 이것을 실천하는 사람이 진정한 음덕을 쌓는 사람이다. 여기에는 천지육합이 가득 차고 넘친다. 이와 같은 사람은 단명하고 빈곤해도 복이 있으며 온갖 악하고 흉한 것도 물리치며 사방에 적이 없다.

방생회라는 것이 있는데 여기서 살아 있는 새와 물고기를 모아놓고 스님이 《타라마경》을 독경한 후에 방생한다. 하지만 이는 사실 이치에 맞지 않는 것이다. 윗사람들이 하는 방생은 잘 모르겠지만 일반 대중이 방생을 하겠다고 살아 있는 새와 물고기를 잡아다 모아놓고 풀어준다면 그것이 음덕이라 할 수 있겠는가? 풀어준 새와 물고기는 원래 살던 곳과 떨어져 낯선 곳에 살아야 하니 난처하기 이를 데가 없다. 먼 곳에서 힘들고 불편하게 사는 사람을 갑자기 번화한 곳에 데리고 와서 방치해버리면 불편하게 살던 곳보다 더 불편하고 익숙하지 않은 환경에 곤란을 느끼는 것과 매한가지이다. 또 방생하는 것은 모두 사람이 먹을 수 있는 것들로, 쥐나 개, 뱀 등을 놓아주지는 않는다. 매

마음 습관이 운명이다

일 사람들이 먹는 새나 물고기는 오히려 먹는 것이 진정한 방생이라고 할 수 있다.

쌀을 예로 들어 생각해보자. 한 톨씩이라도 씨를 보아 벼를 심으면 가을에는 수천 톨이 되고 한 홉씩을 모으면 한 섬이 되고 한 섬이 다음 해에는 수백, 수천 섬이 된다. 하루에 한 홉씩의 곡식을 3년만 절제해도 엄청난 양이 된다. 이것이 매일 방생하는 것과 다를 바 없다. 하물며 알을 밴 생선을 생각하면 그 양을 셈할 수도 없다. 이것이 진정한 방생이 아니고 무엇이란 말인가?

3

목숨을 과녁 삼아
활을 쏘는 일

Q 지금까지 선생님은 음식에 대해서만 말씀하셨는데 음식은 창고에 차고 넘치고 또 생명을 양생하기 위한 것이니 먹지 않으면 반대로 인명을 해치는 것이 아닙니까? 음식을 충분히 먹지 못하면 오히려 먹고 싶은 욕망이 생겨 살아 있어도 아귀도(餓鬼道 : 육도의 하나. 재물에 인색하거나 음식에 욕심이 많거나 남을 시기 및 질투하는 자가 죽어서 가게 된다는 곳)의 지옥에 떨어진 것 같지 않겠습니까?

A 아무리 인명을 위한 음식이라 하더라도 폭식하고 대식하여 과하면 사람의 목숨을 해치게 된다. 이는 농작물에 비료를 많이 주어 도리어 죽게 하는 것과 같은 이치이다. 농작물에 비료를 절제하면 곡식의 뿌리가 튼튼하게 자라는 것

마음 습관이 운명이다

과 같이 사람도 음식을 절제하면 오래 살 수 있다. 대식하고 미식하면 스스로가 자기 목숨을 과녁 삼아 활을 쏘는 것과 같다. 이는 모두 마음이 천해서 그러는 것이다. 당신 같은 사람은 마음이 천해서 그저 먹는 것만 생각하는데 그것이 눈앞의 아귀도(餓鬼道)이다. 또 인면수신(人面獸身)과 다를 바 없다. 네 발 짐승은 이리 저리 몇 밤을 돌아다니면서 먹는 것만을 즐거움으로 삼는다. 사람이 그와 같다면 인면수신이 아니고 무엇이겠는가?

4

두려운 마음으로
절제하라

Q 제가 음식을 절제하는 것을 보고 어떤 사람이 제게 "사람이 당연히 먹어도 되는 음식도 못 먹고 쌀도 아닌 보리나 잡곡마저 충분히 먹지 못한다면 그것은 아귀와 같이 슬픈 일 아닙니까?" 라고 말합니다.

A 당신은 자신의 분수를 모르는 사람이기 때문에 말해도 모르겠지만 일반 대중도 듣고 있을 테니 도리에 대해 말하도록 하겠다. 먼저 천군이나 장군도 쌀을 먹는다. 아래의 신분인 자들도 쌀을 먹는데 이게 상당한 일이라 생각하지 않는가? 매일 세 끼의 쌀밥을 먹으면서도 싫증을 내지 않으면서 보리쌀을 먹으면 아귀라고 생각하는 건 정말 자기 분수를 모르는 사람의 처사라 할 수 있다.

마음 습관이 운명이다

쌀 다음으로 치는 것이 보리이다. 천군부터 일반 신분까지 그 신분의 차이가 얼마나 큰 지를 생각해본 적 있는가? 천군이 쌀을 먹으면 우리 같은 미천한 신분은 두부를 만들고 남은 찌꺼기를 먹는다 해도 신분에 지나친 사치일 것이다. 그럼에도 쌀이나 보리를 먹을 수 있는 것은 정말 감사한 일이 아닐 수 없다. 이런 이치를 먼저 깨닫고 자기 신분에 넘치는 가호를 생각하며 하다못해 보리라도 먹고 근신하는 것이 좋을 것이다. 어찌됐든 음식은 두려운 마음으로 절제하고 삼가야 한다.

5

참새와
봉황의 차이

Q 저는 대붕(大鵬 : 상상 속의 큰 새)과 같은 큰 새입니다. 어찌 제비나 참새들이 먹는 음식으로 목숨을 지탱할 수 있겠습니까?

A 대붕과 같은 큰 새나 참새와 같은 작은 새도 그 나름의 음식이 있다. 당신은 작은 새들 중 하나에 지나지 않는다. 큰 새는 음식을 많이 먹지도 함부로 먹지도 않는다. 봉황은 물 외에는 다른 것을 먹지 않는다. 작은 새들은 곡식이며 열매는 물론 인간과 가축의 배설물까지 무엇이든 먹는다. 당신과 같이 음식을, 따뜻한 것과 차가운 것의 구분 없이 함부로 먹는 사람은 현명하지 못하다. 입으로는 큰 새를 말하면서 마음도, 먹는 것도 모두 참새와 같다. 어찌 참새가 봉황의 깊은 뜻을 알겠는가.

마음 습관이 운명이다

절제의 덕

Q 저는 큰 뜻을 품고 있기 때문에 음식과 술, 고기를 항시 먹고 몸과 마음을 건강히 해서 천하에 제 뜻을 펼치고 싶습니다. 그런데 검소하게 식사를 하면 기운이 빠져서 뜻대로 하기 어렵습니다.

A 원기라 하는 것은 하늘로부터 얻어지는 가장 근원이 되는 힘을 말한다. 넓은 대자연의 기운으로 나를 풍성하게 해주지만 반드시 강한 것은 아니다. 음식을 통해 목숨을 양생한다 해도 그 기운을 강하게 할 수는 없다. 속된 말로 원기가 좋다는 것은 기가 세고 도리나 이치에 맞지 않는 사람의 상황을 일컫는다. 그런 사람은 술과 고기를 즐기고 폭식하며 겉으로만 세 보이려 한다. 이런 사람이 출세하면 오래가지 못한다.

하지만 절제할 줄 아는 사람이 입신해 출세하면 그 자리를 오랫동안 유지할 수 있다.

당신은 항상 발전하고 싶다는 마음뿐이고 행동이 바르지 못하여 평생 발전이 없다. 만약 발전하길 원한다면 스스로가 절제하고 신중해야 한다. 열 사람 몫의 신중함을 갖는 사람은 열 사람만큼의 입신 출세를 누릴 수 있고 열 사람 이상의 신중함을 갖은 사람은 열 사람 이상의 출세를 얻는다. 또 만 명의 신중함을 갖는 사람에게는 만 명 이상의 발전이 있다.

따라서 음식으로는 심신을 지탱하는 것을 근본으로 삼되 절제하는 것이 최상의 방법이다. 절제하는 것이 어렵지만 어려운 가운데 절제하는 자에게 그만큼의 발전이 있는 것이다. 또 절제함을 최우선으로 할 때 발전할 수 있다.

마음 습관이 운명이다

일본에 부자 스님이
많은 이유

Q 신도(神道)는 큰 절이라도 부자가 없지만 스님은 부자가 많아 금은보화를 다른 이에게 빌려주는 경우도 많습니다. 왜 그러는 걸까요?

A 신도는 양(陽)으로 마음이 엄숙하고 깨끗하다. 세상살이와 섞이지 않고 몸과 마음을 스스로 깨끗이 하기 때문에 청빈한 사람이 많다. 그런데 불법은 음(陰)으로 조용하며 고요하다. 더러운 것이나 불결한 것을 마다하지 않으니 사방에서 시주가 모이므로 당연히 부유하다. 요즘의 스님은 마음속으로는 법을 배반하면서도 겉으로는 육식을 절제하고 또 음색처대(淫色妻帶)를 삼가며 항시 절제하는 것을 기본 계율로 하고 있다. 이것이 정욕을 누르고 스스로는 불만이겠지만 그 덕이 자연히 천지

에 닿아 자기에게 돌아오므로 가난해도 그에 상응하는 복을 받게 된다. 이것을 자연의 복덕이라고 하는 것이다.

반면 신도는 처와 자식이 허락되고 항상 술과 고기를 마음대로 먹고 음색을 즐기는 등 마음가는 대로 행동하니 그 덕을 잃게 된다. 그렇기 때문에 큰 신사라 해도 가난한 것이 당연하다. 고승은 모르지만 신분이 낮은 자가 절제함이 없이 자기가 원하는 대로 한다면 병으로 고생하고 단명하는 것이 이치이다. 하늘 아래 직업의 귀천은 제쳐두고라도 마음대로 누리면서 소원을 성취하며 출세하는 사람은 없다.

마음 습관이 운명이다

8

복을 잃게
하는 것

Q 저는 복과 재산, 그리고 수명을 다 누리고 출세하길
바랍니다. 이것도 음식을 절제하면 이룰 수 있습니까?

A 복, 재산, 장수를 누리면서 출세하기 위해 음식을 절
제하는 것은 무엇보다 중요하다. 마음을 엄격하게 하
면 음식도 자연히 엄격하게 절제할 수 있다. 음식은 마음인 동
시에 임금이다. 그 나라의 흥망성쇠는 임금에게 달려 있는 것과
같이 임금이 절제하고 신중하면 나라가 발전하고 반대로 임금
이 신중하지 못하면 그 나라는 망한다. 따라서 음식을 신중히
하고 절제하면 복, 재산, 장수는 자연히 따라오게 마련이다.

돈은 천하의 보물로 많이 써도 누가 쓰든지 돌고 돌면서 천하
에 남아 없어질 일이 없다. 하지만 음식은 아주 조금의 양이라

도 더 먹게 되면 배설물로 나와 버려 다시는 세상에 남아 있을 일이 없다. 이는 크게 덕을 잃는 일이다. 음식을 함부로 먹는 자는 스스로 목숨을 해치고 복, 재산, 장수도 잃게 된다.

따라서 복, 재산, 장수를 잃게 하는 것은 음식 외에는 달리 없으며 여러 가지 고생을 하는 것도 음식을 절제하지 않고 교만하게 과식하기 때문이다. 대식, 폭식하지 말고 조금이라도 복, 재산, 장수를 유지하고 연장할 수 있도록 마음을 써야 한다. 이렇게 매일 덕을 쌓아가면 언젠가는 반드시 성공하고 발전할 수 있다. 본인이 평소에 절제하고 삼간 음식들이 자연과 천지에 차고 넘치면 입신 출세하여 천지에 그 뜻을 펼칠 수 있다. 여기에 관상법의 길흉은 관계가 없다. 오로지 먹는 것, 식량을 절제하고 삼가는 것만이 관련이 있다.

알 수 없는
종교인의 진심

Q 선생님께서는 본원사라는 종단에 대해서 알고 계시나
요? 거기 사람들은 처자도 있고 육식도 하면서 항상
교만합니다. 그런데도 일생 동안 떳떳하고 행복한 삶을 보냈다
고 안심하고 있습니다.

A 불만 많고 무지한 중생은 죄 많고 방황하여 마음 편
할 날이 없다. 이들을 회유해서 길들이고 인도하고자
할 때 이끄는 사람이 너무 깨끗하고 존귀하면 모두가 두려워서
가까이 오지 않는다. 그렇게 되어서는 도를 전파하여 도움을 주
기 어렵다. 그런 사실을 알고 있는 조사(祖師 : 한 종파를 세워서 그 종지
를 열어 주장한 사람을 일컫는 존칭)는 자비를 갖고 겉으로는 저속한 사
람과 같이 행동하므로 중생이 두려움 없이 그 곁으로 모여 혼

탁한 마음을 풀고 평안하게 되었다. 한없이 넓고 커서 끝이 없는 음덕으로 법익(法益)이 왕성해지고 스스로도 부(富)를 쌓을 수 있었다. 이렇게 중생을 위해 여자를 가까이 하고 육식을 하는 것은 큰 자비가 될 수 있다. 그러나 종종 마음이 썩은 자가 불가에 입문하여 조사 스님의 큰 뜻도 모른 채 수행이 원래 이런 것인가 하여 속인처럼 나태한 생활을 하는 스님이 있다. 그런 스님이 문제인 것이다.

마음 습관이 운명이다

초심을 잊으면
운이 꺾인다

Q 저는 젊어서부터 운이 좋아 재산을 많이 모았는데 요즘 들어 운이 안 좋고 매해 크게 재산을 잃어 하는 일마다 잘 되지 않으니 걱정입니다.

A 당신은 젊어서 운이 좋아 복으로 이미 가득 찼기 때문에 요즘 스스로 재산을 잃는 것은 자연스러운 일이다. 또 더 늦기 전에 재산을 잃는 것도 운이 좋은 것이다. 당신이 욕심 부린다 해도 하늘이 자연스레 그리 할 것이다. 하늘이 벌을 내려 재산을 잃는다면 빈곤할 일도 더 많겠지만 스스로 잃을 때는 감당이 되는 한에서 잃기 때문에 힘들 일도 적고 또 빨리 다시 채울 수 있다.

당신에게는 처음부터 재산이 있었던 것이 아니다. 원래 빈곤하였지만 하늘의 복을 받아 유복하게 되었으므로 초심으로 돌아가는 것이 중요하다. 그 근본을 잊어버렸기 때문에 고생하는 것이다. 근본을 잊은 사람은 끝이 좋지 않다. 하지만 근본을 잊지 않는 사람은 잘난 체 하는 일도 없고 잘나서 우쭐대다가 큰 코 다칠 일도 없다.

복운이 있는 사람이 빈곤함에 대해 알고 있으면 평안하다. 이를 근본을 아는 사람이라 한다. 부자가 빈곤함을 아는 것은 스스로 어질고 군사를 잘 다스리는 장군과 같아 집안이 쇠할 일도 없다.

부귀(富貴)는 사방에서 빈곤이 모여 쌓인 것이기 때문에 빈곤함은 부귀의 근원인 동시에 그 근본이다. 가난한 자는 셀 수 없이 많지만 부자는 적다. 따라서 빈곤함을 아는 것을 부귀의 근본으로 하고 사람은 모든 일에 근본이 빈곤임을 알아야 한다. 군주도 처음부터 군주였던 것은 아니다. 신하가 모여 군주라 부르기 때문에 귀한 것이고 가난한 신하가 모여 군주의 지위가 굳어지는 것이다. 가난을 알고 난 후에 신하를 다스리면 그 나라는 자연히 부국이 된다. 신하를 자기 자식과 같이 생각하고 신하도 군주를 대할 때 자식과 같이 대하면 그 사이에 아무 문제가 없으므로 그것 또한 부국의 근본이다. 나아가 신하를 다

　　　　　　　　　　　　　　　　　　마음 습관이 운명이다

스릴 때는 항상 여동생을 다루듯 하고 아플 때는 자식과 같은 마음을 갖고 매일 세 번의 식사도 위아래 구별 없이 신하들과 함께 하는 것이 좋다. 술을 마시지 못한다 하여도 한 달에 두 번 내지 세 번은 신하와 함께 술을 마시며 나라가 번창하게 되도록 부탁하라.

그리고 쓸 만한 물건이 버려져 있는 것을 발견해도 버린 사람을 너무 나무라지 말아야 한다. 작은 일에 마음을 뺏겨 만물을 그르치지 말아야 한다. 또 음식을 엄중히 하고 하루 세 번의 식사 외에 음식을 신하에게 주더라도 자신은 먹지 말아야 한다. 이를 3년간 지키면 나라를 다시 세우고 원래대로 부유하게 될 수 있다.

11

모든 건
당신 탓이다

Q 요즘 들어 자꾸 아프고 집안 형편도 계속해서 어려워
지고 있습니다. 그런데 분가한 형제는 모두 부유하게
살면서도 저를 도우려는 사람이 한 명도 없습니다. 그래서 고소
하려고 합니다.

A 사람에게 기대려고 하는 것은 큰 잘못이다. 당신으로
인해 생긴 일이지 다른 사람이 관여할 일이 아니다.
세상에는 당신을 지켜주고 도우려는 자가 많다. 왕은 우리의 안
전을 지켜주고 군사들은 우리를 해치려는 자로부터 보호해준
다. 농부들은 농사를 지어 우리가 먹고 살 곡식을 제공하고 대
장장이는 도구를 만들고 상인은 필요한 물건을 조달해준다.

왕부터 서민까지 모두 당신을 보호하고 있는 것이다. 그런데

마음 습관이 운명이다

도 시간이나 보내면서 만물을 생산하는 데 필요한 비용은 생각지도 않고 함부로 먹으려 하면 아무리 관상이 좋다고 한들 하늘의 도리에 어긋나기 때문에 결국 당신처럼 오장육부가 썩어 병을 얻게 된다.

모두 만물의 덕을 모르고 검약하지 않았기 때문에 생긴 것이다. 태어나면서부터 가난하고 아프게 태어난 것이 아니라 모두 자기가 잘못한 탓이다. 따라서 당신의 병을 다른 사람이 알 리 없고 하늘이 만든 것도 아니다. 오로지 절제를 기본으로 음식을 절약해서 조금씩 먹고 검약하는 생활을 지켜야 한다. 그러면 자연히 풍요로워지고 병도 낫는다.

12

절제의
1순위는 음식

Q 저는 음식은 쉽게 절제하는데 기방에 드나드는 것을
절제하기가 힘듭니다.

A 크게 잘못된 일이 아니다. 기방에 가서 돈을 뿌리고
방탕하더라도 음식을 절제하고 삼가면 집이 망하거
나 병을 얻을 일은 없다.

식(食)이 매사의 근본이다. 가장 기본이 되는 것을 엄격히 지켰
을 때는 문제될 것이 없다. 음식은 사람에 따라 대소강약이 있
기는 하지만 하루 세 공기를 먹는 사람이 절제하고자 한다면
두 공기 반으로 양을 정하고 또 세 번 외에는 식사를 하지 말아
야 한다. 소금 절인 생선 외에 미식을 먹어서는 안 되고 이를 잘
지켜야 한다. 또한 기방에 가서도 이것은 반드시 지켜야 한다.

마음 습관이 운명이다

13

일을 하지 않으면
짐승만도 못하다

Q 음식을 절제하고 적량만 섭취하면 가업을 소홀히 하
더라도 출세할 수 있습니까? 보통 사람들은 가업을 중
시하고 음식은 제일 마지막이라고 생각합니다. 중생을 위해 가
업에 대해 말씀해주십시오.

A 왕을 비롯하여 생명을 가진 모두가 먹기 위해 일에 전
념한다. 하물며 짐승도 먹을 것을 찾기 위해 매일 돌
아다닌다. 그러한데 사람이 가장 기본이 되는 일을 하지 않으면
짐승만도 못한 것이다.

또 일을 하지 않으면 음식이 고귀한 줄 모르고 평생 술과 고
기를 즐기고 함부로 폭식하게 된다. 그래서 마음이 흐트러지고
게으름을 부리면서 오늘은 쉬고 또 과식하고 내일은 기분이 안

좋아서 쉬고 이렇게 반복하여 결국 마지막엔 병을 얻어 고생하게 된다. 이것은 모두 음식을 절제하지 않고 신중하지 못했기 때문에 생긴 일이다. 식생활이 근본이기 때문에 음식을 절제하고 엄격히 정하여 신중히 하면 몸과 마음이 다 같이 엄격해진다. 마음을 단단히 먹고 절제 있는 생활을 한다면 다른 사람이 일을 못하게 하더라도 일을 하지 않고서는 못 배긴다. 따라서 음식을 절제하면 가업도 왕성해지고 출세도 할 수 있다.

유명인은 대중의
심심풀이일 뿐

Q 스모 선수나 기생과 같은 사람은 음식을 절제하지 않아도 높은 곳까지 오르고 이름을 날립니다. 이는 무슨 이치로 가능한 것입니까?

A 유명한 스모 선수는 일본의 호걸로 그 역량이 만인을 압도하기 때문에 호걸의 이름을 천하에 떨친 것이다. 또 유명한 기생은 천하다 하여도 그 예도(藝道 : 기예나 연예를 닦아 나가는 길)가 만인보다 뛰어나기 때문에 유명해진 것이다. 비록 미천하다 하여도 그의 업이 많은 사람보다 뛰어나면 유명해지는 것은 자연스러운 일이다. 하지만 이는 대중의 심심풀이는 될 수 있어도 그 가치를 진정으로 인정받기는 힘들다. 유명한 운동 선수나 기생들이 살아 있는 동안에는 이름을 떨치지만 그들이 죽

고 난 후 30년이 지나서도 그 이름을 기억하는 사람은 드물다.

그렇지만 절제할 줄 알고 일반 대중을 위해 오랫동안 큰 공헌을 한 사람은 그 이름이 오래도록 알려지고 일반 대중은 그 덕에 감사하며 따르고 그 명성이 길이길이 후손에게 전해진다. 이런 사람의 업적은 국가의 이익과도 연관되어 있다.

마음 습관이 운명이다

빈곤한 사람이
장수하는 이유

Q 입은 먹기 위한 용도로 있는 것인데 먹고 싶은 것을 먹지 않는다면 살아 있는 보람이 없다고 생각합니다. 음식은 최상의 즐거움으로, 그 이상의 즐거움이 없다고 봅니다.

A 사람의 즐거움도 천차만별이다. 무사는 큰 공을 세우는 것이 즐거움이고 농민들은 자신의 밭을 늘려 선조보다 잘 사는 것이 즐거움이며 대장장이는 물건 만드는 기술로 다른 이보다 뛰어나는 것, 장사꾼은 장사가 잘 되어 돈을 많이 벌어 유복해지는 것이 가장 큰 즐거움이다. 이와 같은 즐거움을 누리고 싶지 않은 사람은 음식을 절제 없이 즐겨도 상관없다. 하지만 미식(美食)을 즐기는 자는 빈곤도 면치 못하며 평생 출세할 수 없다.

음식을 즐기기 전에 절제하고 삼가 먼저 입신양명의 즐거움을 즐기고 그에 따른 유복한 생활을 하면서 음식을 즐기는 것이 순서이다. 처음부터 먹는 즐거움을 추구하기 때문에 하늘로부터 빈곤의 고통을 받는 것이다.

입은 먹는 것이 들어가는 입구인 동시에 화장실의 입구이기도 하다. 입을 통해 들어간 음식을 토해내면 그 형태는 그대로여도 더럽기는 똥과 매한가지다. 음식을 많이 먹고 싶을 때는 먼저 그 음식을 화장실에 버리는 것을 상상해 본다. 그래도 먹고 싶을 때는 먼저 그 음식을 변기에 버려 보라. 아무리 인면수심인 자라 할지라도 음식을 똥 속에 버릴 수는 없을 것이다. 절제할 줄 모르고 신중하지 못한 행동을 하는 것은 매일 음식을 변기에 버리는 것과 같은 무서운 일이다. 특히 미식을 많이 먹는 것은 자신의 수명을 단축시키는 것과 같다. 그래서 귀인이나 부자는 장수하는 사람이 적지만 빈곤한 사람 중에는 장수하는 사람이 많다. 이는 부자는 미식으로 명이 짧아지고 가난한 자는 검소하게 식사하여 수명을 연장하기 때문이다.

관상만으로
길흉을 말하지 말라

Q 집안에 숨어 사는 쥐가 사람을 무서워하지 않고 대낮에 나와 설치는 일이 있는데 이것도 집안의 길흉과 관계가 있습니까?

A 쥐는 음(陰)의 동물로 어두운 밤을 대표하는 동물인데 낮에 나온다는 것은 집안이 크게 흉하고 가족에게 병이 생기거나 집안에 재앙이 들고 망할 전조이다. 가족들이 건강할 때는 양기가 넘쳐 음의 동물인 쥐가 집안에 돌아다니지 못한다. 반대로 가운이 쇠할 때에는 양기가 사라지고 집안에 음기가 성하기 때문에 음의 동물인 쥐가 사람을 두려워하지 않고 대낮에 나와 휘젓고 다닌다.

그 집안의 가운의 성쇠는 주인에게 달려 있다. 집안이 왕성해지기 바라면 아침저녁으로 신불 앞에 불을 밝히고 난 후 주인의 음식을 신불에게 바치고 그것을 다시 거지와 같이 못사는 사람에게 시주하는 것이 좋다. 이는 매일 지켜야 한다. 또 가업에 전념하면서 이익이 되게 궁리하도록 한다. 매일 아침 여섯 시에 일어나서 동쪽을 향해 떠오르는 해를 보며 참배하고 소양발달(少陽發達)의 기운을 받는다. 또 집안이 원만하게 돌아가도록 보살피고 아랫사람이 있는 경우 그 아랫사람이 잘 믿고 따라올 수 있도록 해야 한다. 아침에는 아랫사람보다 일찍 일어나야 한다. 진실치 못한 주인은 밤새도록 자신의 즐거움을 위해 놀면서 부하들의 잠을 방해하고 자신은 늦게 일어나면서 부하들은 아침 일찍 일어나도록 한다. 또 자신은 미식을 하면서도 가족들에게는 절약과 검약을 강조하고 부하를 크게 혼내는 사람은 화합을 이룰 수 없으며 결국 패가망신하고 만다.

군주는 나라의 뼈로 그 근본을 지배한다. 그런 반면 신하는 그 밑의 그림자와 같다. 음식을 먹을 때도 사이를 두지 말고 군주가 즐거울 때는 신하에게도 즐거움을 주어 함께 즐기는 것이 군주다운 행동이다. 그러면 나라가 어려움에 처했을 때 백성들은 자진해서 군주를 돕겠다고 나설 것이다.

이러한 근본을 모르면 군주는 군주다운 것을 모르고, 군주의

　　　　　　　　　　　　　　마음 습관이 운명이다

미덕이 부족하면 신하는 신하다울 수 없다. 군주의 처신에 따라 신하의 길흉이 결정된다. 우주의 원리가 이와 같은 이치이다. 그렇기 때문에 관상만으로 길흉을 이야기해서는 안 된다. 결국 길흉의 원인은 모두 자기 자신에게 있다. 이것을 나의 관상에서 진리로 삼고 있다. 관상을 보고 점을 친다고 해도 달리 할 말이 없다. 그러니 빨리 집에 가서 몸을 깨끗이 하고 마음을 가다듬어 음식을 절제하고 신중히 함이 좋다.

17

진심을 다해
기도하라

Q 저는 지금 매우 운이 나빠서 큰 고생을 하고 있습니다.
그래서 신에게 기도하고자 하는데 응답이 올까요?

A 그런 생각은 크게 잘못된 것이다. 신은 어느 곳에든
있다. 당신이 원하고 구하고자 하는 것이 이미 모두 신
이다. 그렇기 때문에 신을 감동시키는 신앙의 참마음이 통하면
당신의 소원은 모두 이룰 수 있다. 천 일을 기도해도 그 기도 속
에 진실이 없으면 천지 신령은 어디에도 없다.

　진심을 다해 기도한다는 것은 자신의 목숨을 신에게 내어놓
는 것과 같다. 음식은 자기의 목숨을 양생하는 기본이다. 그래
서 음식을 헌납하는 일은 곧 자기 목숨을 헌납하는 것과 같다
고 볼 수 있다. 한 끼에 세 공기의 밥을 먹는다면 두 공기만 먹

고 한 공기는 신에게 헌납하는 것이 좋다. 이때 자기가 믿는 신불을 마음에 새겨두고 진실한 마음으로 기도하면서 헌납하면 신은 즉석에서 이를 기꺼이 받아들인다.

신은 예부터 정직한 사람의 머리에 머문다고 했다. 탁한 것은 받아들이지 않지만 진실한 참마음은 받아주신다. 충분히 먹고 매일 신에게 헌납하면 신은 기뻐하지 않지만 내가 먹을 음식을 헌납하면 그 진심을 받아주신다. 육식뿐 아니라 모든 먹을거리를 그리 헌납하면 소원 성취 안 될 일이 없다. 작은 소원은 1~3년, 다소 거창한 소원은 10년 정도 신불에게 진심으로 기도하면 반드시 만족스럽게 이룰 수 있다.

센수이누호에라는 곳의 바위 위에 대단한 영험을 가진 부동명왕이 올라 앉아 있다. 공양하고 제를 올리는 날이 되어 절에서 일하는 남자가 마을에 내려가 술을 사서 돌아오는데 돌아오는 길에 무척 술이 먹고 싶었다. 그래도 먼저 석존에 술을 올려야 한다 생각하여 참고 바위로 와서 술을 부은 다음에야 자기도 마시고 조금 남겨서 절로 돌아왔다. 이를 안 스님이 대단히 노해서 법당에 들어가 깨끗한 청주로 다시 올리려고 하니 그때 허공에서 술은 이미 바위에서 받았다고 큰 소리가 들렸다. 신불은 그 남자의 마음을 받아들인 것이다.

18

음덕이 없으면
복덕도 없다

Q 선생님께서는 매일 음덕을 쌓기 위해 신에게 기도할
것을 가르치시는데 납득할 수 있게 설명해 주십시오.

A 매일 자기 밥상에 차려져 있는 음식을 먹으면 똥으로
변하고 만다. 조금이라도 좋으니 남겨서 자기가 신봉
하는 신불에게 올리고 이것을 다시 생명 있는 것에게 시주하는
일은 정말로 큰 음덕을 쌓는 것이다. 그 속에 참된 마음이 들어
있기 때문에 신불이 한없이 기뻐할 것이다. 설령 그 음식이 육
식이라 하더라도 불결하다 여기지 않고 그 진실을 받아주신다.
밥공기 바닥에 남아 있는 한 수저의 밥이 당신에게 무슨 이익
이 되겠는가? 그러나 굶주리는 어떤 사람에게는 한 술의 밥이
바로 생명이다. 그렇기 때문에 베푼다는 것은 대단히 큰 자비이

마음 습관이 운명이다

자 음덕이다.

밥을 적게 먹으면 당장 뱃속도 편안하고 기분도 상쾌해서 병에 걸릴 걱정도 없다. 또한 수명도 연장할 수 있다. 그렇게 하루세 끼의 밥을 줄이면 하루에 한 홉의 음덕이 있고 1년이면 서 말이 넘는 음덕이 있으며 10년이면 석 섬 여섯 말의 음덕을 쌓게된다. 이것을 발판으로 자연히 출세도 할 수 있다. 이와 같이 자기 스스로 음덕을 쌓지 않으면 하늘의 복덕을 기대할 수 없다.

Q 곡식을 중요하게 여기지만 어쩌다 땅에 떨어뜨리면 그 것을 줍지 않는 것이 음덕이라 하셨는데 한 톨의 곡식이라도 버리면 천지의 덕을 잃는 것이 아닙니까?

A 곡식을 중요시 한다 하더라도 스스로 떨어지는 것은 인연에 의한 것이다. 또 세상에는 떨어진 것을 주워 생명을 지탱하는 인연의 존재도 있다. 따라서 흘리는 것도 당신이 흘리는 것이 아니라 인연에 의해 자연스레 떨어지는 것이라 할 수 있다. 새들은 자연에서부터 음식을 얻는데 사람의 음식을 탐내면 그것은 새가 아닌 것이다. 미식은 원래 귀인들의 식사이고 검소하게 식사하는 것은 서민들의 식사이다. 그런데 서민이 미

식을 먹으려 하면 자기 신분에 과분한 음식을 먹는 것이라 병을 얻고 마지막에는 음식조차 먹지 못하게 된다. 속된 말로 신분에 맞지 않게 교만한 사람은 오래가지 못한다는 말도 이런 이치를 가리키는 말이다. 이것이 다 자연의 섭리인 것이다.

마음 습관이 운명이다

19

호랑이의 위엄을
빌리지 말라

Q 저는 출세할 관상이라 하였는데 아직 가난하고 성공을 이루지 못했습니다. 또 저는 상인이라 부자는 물론 관직에 오른 사람과도 항상 교류하고 있습니다. 이것이 영달의 길이라 생각하는데 아직 그 시기가 아닙니까?

A 비록 출세할 상을 가졌다 하더라도 높은 관직의 사람과 무리하게 교류하는 사람은 평생 출세할 수 없다. 신분이 낮은 자가 신분이 높은 귀인과 교제하면 이미 그 덕을 크게 잃고 만다. 이 경우 당신은 이미 정상에 오른 것과 다름없으므로 평생 출세할 수 없다. 당신에게 지난 공덕이 있다면 교제하는 데 두려워할 필요가 없지만 쌓아둔 공덕도 없이 안일하게 귀인과 교제할 때는 크게 하늘의 덕을 잃는 것이다.

당신이 진정으로 성공하기 원한다면 높은 신분의 사람과의 교제를 끊고 성의를 다해 진실된 마음으로 부자와 교류하고 자비를 갖고 아랫사람을 대하며 항상 분수를 지켜 교만하지 말아야 한다. 이를 실천한 다음 점쟁이에게 찾아가 다시 관상을 봐 달라 하면 이미 상당히 성공한 관상이란 걸 알게 될 것이다.

또 부자가 당신을 존경한다 할지라도 그것은 진심에서 우러나온 것이 아니다. 당신이 높은 관직의 사람과 교류하고 있기 때문에 그리 말한 것으로, 그러한 교제는 당신에게 이득이 되지 않으며 여우가 호랑이의 위엄을 빌리는 것과 다를 바 없다.

20

자기 착각의 오류

Q 사람은 누구와 교류하느냐에 따라 달라진다는 말이 있는데 제가 높은 관직의 사람과 교류하기 때문에 발전하지 못한다는 것은 이치에 맞지 않은 것 같습니다.

A 사람의 마음은 어디에 담기느냐에 따라 그 모양도 변한다. 좋은 사람과 교제하면 자기도 좋아지고 신분이 높은 귀인과 교제하면 자기도 절로 귀인이 된 것처럼 교만해진다. 장사꾼의 마음이 높은 관직의 귀인과 같다면 어찌 장사를 할 수 있겠는가? 세상이 난세일 때는 몰라도 태평세월에 자기의 본업은 소홀히 하고 신분이 높은 귀인과 교제한들 자기 발전에는 아무런 도움이 되지 않는다.

Q 제 관상을 본 점쟁이는 누구나 할 것 없이 유복할 상이라 하였는데 실제로는 아주 가난하여 고생하고 있습니다. 관상이라는 것은 원래 이리 사실과 다릅니까?

A 관상은 진실함을 근본으로 하는데 당신의 마음이 진실하지 못하면 좋은 관상을 갖고 있다 하여도 나쁘게 변한다. 관상은 살아 있는 생물과도 같다. 복 받을 상을 가지고 있다고 모두 복을 얻는다면 그것은 관상이 죽어 있는 것이다. 복상이라 할지라도 절제함이 없으면 빈곤한 상과 다를 바가 없다. 그렇기 때문에 살아 있는 생물이라 하는 것이고 이것이 관상법의 가장 중요한 부분이다.

가령 빈곤하고 좋지 않은 상이라 할지라도 절제하고 삼가며 신중하면 차차 나아져서 자기가 갖고 있는 관상보다 더 좋아진다. 또 부귀한 상이라도 진정성이 없는 사람이라면 만년에 형벌을 받을 수도 있는데 이는 모두 마음의 움직임대로 관상이 변하기 때문이다. 내가 관상법에 따라 운세의 길흉을 많이 말하지 않고 천하의 명덕을 설파하고 몸과 마음을 다스리는 일에 전념하는 것도 그 이유 때문이다.

관상을 보고 길(吉)이라 하면 이 말에 의지하고 즐거워해서 덕

마음 습관이 운명이다

을 손상하게 되고 또 흉이라고 하면 낙심하여 하고 싶은 의욕을 상실하게 된다. 이것이 일반 사람들의 관례이다. 수양을 갖춘 사람이라도 길(吉)이라고 하면 기분이 좋아지는 것이 인정이다. 이러니 점쟁이에게 가서 길흉을 보는 것은 그만하는 것이 좋다. 다만 자기의 관상에 따라 수신하고 제가하는 방법을 묻는 것이 좋다. 자기의 관상이 평상시에 극악빈궁한 상이라 생각하고 매사에 절제하고 삼가며 신중함에 전념해서 천지의 음덕을 쌓기 위해 노력하는 것이 중요하다. 이렇게 음덕을 쌓아가면 빈악의 상이라도 유복한 상으로 변한다. 그러므로 어떻게든 천지의 덕을 쌓는 것이 가장 중요하다.

오상과 음식의 관계

Q 선생님께서는 우리가 살아가는 데 가장 중요한 오상(伍常 : 인, 의, 예, 지, 신)에 대해서는 아무 말씀도 않고 생명이나 음식에 대한 것만 말씀하시고 음식을 바르게 먹어야 한다고만 하십니다.

A 오상이란 나뭇가지와 같다. 인간은 천지의 덕을 근본으로 삼고 있다. 이런 원리를 알게 되면 오상은 절로 갖추어지는 것이다. 생명은 하늘의 덕이다. 그러나 생명을 양생하는 것은 땅의 덕이다. 따라서 천지의 은혜를 알게 될 때 부모의 은혜도 알게 된다. 또한 음식을 절제하고 존중하는 사람은 자연히 오상을 갖추게 되는 법이다. 대인은 음식에 의해서 천명이 결정된다는 분명한 사실을 알지만 소인은 그것을

모르고 음식 때문에 큰일을 그르치고 천명을 손상하여 스스
로 궁하게 된다.

어두운 밤에
불빛이 없는 이치

Q 마음에 따라 관상이 선과 악으로 바뀐다고 하셨는데
저는 궁극적으로 길흉을 분명히 아는 것이 최상의 관
상법이라 생각합니다. 선생님은 어떻게 생각하십니까?

A 관상에는 실상이 있고 무상이 있다. 나는 나의 관상
법에 따라 모든 일의 길흉을 알고 있다. 하지만 음식
이 그 근본이므로 천지의 이치를 알고 격에 따라 길흉을 점친
다. 사람이 격을 모를 때는 음식이 정해져 있지 않고 음식이 정
해지면 격을 알게 된다. 이와 같은 이치로 천하의 도리를 남보
다 먼저 갖게 되면 봉록을 연장할 수 있다. 따라서 사람은 만물
의 격을 아는 것을 근본으로 삼아야 한다. 격은 천지의 격으로
관상법의 명덕이다. 그래서 격을 아는 사람은 음식이 정해져 있

마음 습관이 운명이다

으므로 심신의 안정을 유지할 수 있다.

천지에는 오기(伍氣)가 있고 인간에게는 오상이 있어서 만물에게 중요한 역할을 한다. 평소에 신중하지 못하고 이것을 이해하지 못하는 자는 격외의 사람이다. 음식은 몸과 마음을 양생하는 근본이므로 식을 절제하지 않고 바르게 하지 못하면서 천하의 격을 안다는 것은 불가능하다. 이는 어두운 밤에 불빛이 없는 것과 같은 이치다.

23

진정한 음덕에 대해

Q 선생님께서 지금까지 음덕(陰德 : 남에게 알려지지 아니하게 행하는 덕행)에 대해 설명해주셨지만 잘 이해가 되지 않습니다. 진정한 음덕에 대해 좀 더 쉽게 말씀해주십시오.

A 진정한 음덕이란 곡식이 땅에 떨어져 있어도 그것을 줍지 아니하고 음식도 적당하다고 생각될 때 더 이상 먹지 않을 것이며 아무리 적은 일이라도 만물을 소홀히 취급하지 않으면서 매일 덕을 쌓는 것을 잊지 않는 것이다. 바로 이것이 진정한 의미의 음덕이다. 음덕을 모르는 자는 한 톨의 곡식이 땅에 떨어진 것은 아깝다고 생각하면서 자기가 맛있다고 생각하는 음식은 한 그릇 더 먹는다. 이는 곡식 한 톨을 버리는 슬픔이 밥 한 그릇을 헛되게 낭비하는 것과 같다는 것을 모르

마음 습관이 운명이다

기 때문이다. 떨어진 곡식은 새나 닭 같은 짐승들의 먹이로 사용된다는 사실을 이해해야 한다.

한 톨은 아깝다고 생각하면서 한 그릇을 더 먹어서 무슨 이익이 있겠는가? 당신이 포식하는 동안 다른 사람은 그만큼 굶주려야 한다는 사실을 알아야 한다. 그래서야 어찌 하늘의 복과 덕을 기대할 수 있겠는가? 과식으로 도리어 병을 얻어 몸을 망칠 뿐이다. 이런 부류에 속하는 사람은 명덕을 손상시키는 자들로 자기 분수를 모른다고 말할 수 있다. 하늘은, 식록이 없는 사람은 처음부터 태어나지 못하게 할 뿐 아니라 과식이나 폭식으로 자기의 식록을 다 먹어버리면 죽음을 통해 데려간다. 생명이 있는 곳에는 음식이 있고 음식이 없으면 그 생명은 죽게 된다.

한 끼를 헛되이 하면 그것이 비록 작다 하더라도 천명을 손상시키는 것이다. 따라서 대식, 폭식하는 자는 결국 스스로 자기 덕을 손상시킨다. 이런 자들을 속된 말로 눈뜬 봉사라고도 한다. 마음의 눈이 멀면 밝음을 알 수 없고 눈 밝은 스승도 우물에 빠진다는 말이다.

베푸는 것이
얻는 것이다

Q 선생님께서는 많이 먹는 것에 대해 과할 정도로 까다롭게 말씀하시는데 초대받아 간 자리에서 대접하는 음식을 적게 먹는 것은 예의가 아니라고 생각합니다. 이때는 어떻게 해야 합니까?

A 그래도 음식을 절제해서 적게 먹는 것이 좋다. 손님으로 가서 밥상에 나오는 여러 음식을 안 먹으면 버릴 것이라고 황송하게 생각해서 억지로 참고 많이 먹는 경우가 있다. 그러나 그것은 잘못이다. 먹는 만큼 뱃속에 들어가서 전부 똥으로 변하는 것도 모르고 마음 아파하는 것은 잘못이다. 진실한 사람은 가능한 한 절제해서 적게 먹고 버리게 한다. 이 것이 그 날의 음덕이고 자비인 것이다. 당신이 남긴 음식을 버

마음 습관이 운명이다

리면 다른 생명 있는 짐승들을 먹이게 되지만 똥은 다른 생명을 양육할 수 없다.

얼핏 보기에는 음식을 소홀히 하는 것 같이 보이지만 천지만물이 공존, 공생할 수 있게 되기 때문에 사람이 쉽게 이해할 수 없는 음덕이다. 베푸는 것을 덕이라고 하고 그 결과 하늘로부터 되돌려 받는 것을 득이라고 한다. 결국 베푸는 것이 얻는 것의 근본인 동시에 이익이 되는 것이다. 그렇기 때문에 비록 한 숟갈의 음식이라 할지라도 그리고 배가 약간 고프다 할지라도 음식을 헌납하여 시주하는 것이 천지에 음덕을 쌓는 일이 된다. 대식, 폭식하면 먹은 것이 모두 똥으로 변하기 때문에 당신의 덕이 그만큼 소진되고 그걸로 끝나므로 출세할 수 없다. 결국 이와 같이 해서 천명을 손상시키기 때문에 병들고 가난해져서 고통을 받게 되는 것이다. 사람이 음덕을 쌓으면 만년에 분명히 깨달을 수 있는 하늘의 보답이 돌아온다.

25

덕을 타고난
사람은 없다

Q 점쟁이가 저는 굴러 넘어져 죽는 상이라고 합니다. 심히 걱정이 되고 신경이 쓰입니다. 정말로 객사하는 상인가요?

A 사람이 객사하는 것은 자기 자신에게 원인이 있는 것이지 절대 관상하고는 관련이 없다. 더욱이 굴러 넘어져 죽는 것은 사람뿐만 아니라 만물과도 관련이 있다. 즉 조심성이 없고 만물을 소홀히 취급하면 자연히 그것과 인연을 맺게 되어 자신도 고생하면서 객사할 수 있다. 이런 것을 전사(轉死)라고 한다.

예를 들어 초목이 불에 타서 재가 되어 대자연의 흙으로 돌아가는 것을 보고 성불했다고 한다. 이 경우는 마지막이 좋다는 것이다. 그러나 이와는 반대로 초목을 소홀히 취급하고 더럽다고 아무 데나 버리면 좀처럼 흙으로 돌아갈 수 없고 썩어 없어지면 본래의 상태로 되돌아가기 힘들다. 이런 것을 초목의 전사라고 한다. 불행한 종말이라고 말하지 않을 수 없다. 따라서 더럽혀진 초목을 깨끗이 돌봐주고 말라죽으면 정성스럽게 불에 태워 대자연의 흙으로 되돌아갈 수 있도록 재로 만드는 것을 음덕이라고 한다. 이와 같은 심성을 가진 사람은 객사의 상이라 하더라도 그것을 면하게 되고 노후도 편하다. 음식의 경우 푸른 풀까지도 사람이 먹고 똥이 되어 대자연의 흙으로 돌아가는 것이 성불이다.

이것을 소홀히 취급하는 자는 해와 달을 소홀히 여기게 되고 천리에 맞지 않기 때문에 늙어서 큰 고생을 하고 굶주림으로 죽거나 객사, 전사하는 수도 있다. 그렇지만 만물의 덕을 알고 매일 좋은 일을 하여 음덕을 쌓아나가는 자는 만년에 덕자(德者)도 될 수 있다. 세상에는 덕이 많은 사람이 많다 해도 날 때부터 덕을 갖고 태어난 사람은 없고 모든 덕은 자기가 쌓은 덕이지 자연의 덕이 아니다. 자연의 덕을 가져서 천하의 덕을 자기가 스스로 행하므로 갖추어지는 것이다. 어리석은 자들은 그런 이치를 모르기 때문에 자기에게는 덕이 없다고 하면서 하늘을 원망하고 신세 타령하는 경우가 많다. 입이 화근이다. 그렇게 하면 갖고 있던 덕도 차차 없어져 나중에는 조상들의 덕까지도 잃게 된다.

사람이 살아가는 데 가장 중요한 것은 의식주 세 가지이다. 이것은 발이 세 개 달린 솥과도 같아서 복, 재산, 장수를 이루므로 자기에게는 가까운 친족과 같다. 그러나 매사에 신중하지 못한 자는 교만에 빠져 친족들을 무시하고 즉 의식주의 중요함을 망각하고 자기 멋대로 행동한다. 그래서 나중에는 빈궁하고 재난을 당하게 마련이다. 이렇게 되면 친족격인 가업이 당신을 따른다고 해도 그것을 멀리하게 되고 말도 걸지 않고 도망치게 된다. 또 다른 친족격인 검소한 식사도 매일 당신을 양육하려고 해도 밥상을 향해 욕설을 퍼부으며 도망가곤 한다.

유복한 친족이 검소한 생활을 할 것을 간하여도 그것을 무시하는 사람이 있다. 그는 화려한 옷을 입고 검소한 식사를 하는 신하와 미식의 신하를 좌우에 데리고 유곽에 가서 검소한 식사를 하는 신하는 뒤에 두고 미식을 즐기는 신하와 어울려서 기생들과 함께 방탕한 생활을 하기도 한다. 그러면 이것들이 거만해져서 중한 병에 걸리게 하고 본심을 가진 당신을 포박하며 나아가서 빈궁단명의 일생을 보내게 한다. 또 말년에는 누더기 옷을 걸치고 지팡이에 몸을 의지하는 신세가 되어 선조들의 명예에 먹칠하게 만든다.

마음 습관이 운명이다

먹는 것은
선악 문제가 아니다

Q 사람은 성선(性善 : 사람의 본성은 선천적으로 착하나 나쁜 환경이나 물욕으로 악하게 된다는 학설)이라고 하지만 태어나자마자 먹는 것을 알고 젖을 먹는데 이것은 악(惡)이 아닙니까? 진정한 의미의 성선이라면 태어나도 먹는 것을 좋아하지 않고 절제하며 그저 초목처럼 대자연의 식(食)을 섭취해야 하지 않습니까? 관상법에도 성의 선악이 있습니까?

A 사람이 태어나자마자 먹는 것은 초목이 뿌리에서 물을 빨아올리는 것과 같다. 꽃을 꺾어 물에 꽂아두면 자연히 물을 빨아들여 꽃을 피운다. 이렇게 보면 동물이나 식물이 먹는다는 것은 살아 있는 생물의 타고난 천성이지 선악은 아니다. 또 음식을 먹는다는 것은 심신을 양생하기 위한 것이기

때문에 소박하게 식사하는 것을 싫어하지 않고 대자연의 음식을 먹는 것은 바로 성선의 음식을 먹는 것이다.

또 미식을 즐기는 것을 자기 뜻에 따라 먹는다고 해서 의식이라고 하고 또 식식(識食)이라고도 부른다. 이런 것은 모두 성선을 망하게 하는 음식으로 악식이다. 악이라고 하는 것은 모름지기 자기가 자기를 공격하는 어리석은 짓이다. 먼저 음식으로 시작해서 집안의 모든 법도를 무시하고 자기 집안을 망하게 하고 마지막에는 몸과 마음까지 못쓰게 만든다. 그래서 나의 관상법은 오로지 음식을 절제하고 삼가는 것을 가장 중요시하고 있는 것이다.

마음 습관이 운명이다

27

미묘함의 의미

Q 선생님께서 심리는 묘법이라고 말씀하셨는데 무엇이 묘(妙)이며 무엇이 법(法)입니까?

A 만물 모두가 묘법 아닌 것이 없다. 또한 상이 아닌 것도 없다. 상에는 유상과 무상 두 가지가 있는데 무상은 모양이 없다고 말하여도 그 전체상은 분명히 있다. 이것을 미묘(微妙)하다고 말한다. 즉 마음으로는 있어도 말로 간단히 표현할 수 없다. 또 유형은 모양이 있고 모양이 있는 것은 법이고 우리의 몸도 그러하다. 법이 있는 것은 차차 없어진다. 이런 것이 법의 길이고 상법의 길이다. 상은 모두가 다 미묘한 데까지 와서 분명한 법형이 생긴다. 자기 자신의 심신은 모두가 다 묘법이고 천지에 골고루 충만해 있다. 나는 하루라도 천지의

묘를 받지 않는 날이 없고 그런 다음 천하의 법을 사용하고
있다.

28

묘법과 불법

Q 축과 인의 사이는 묘이고 상법의 본원이라고 말하는 것입니까?

A 상법에서는 음양유(陰陽幽)를 근본으로 삼고 있다. 묘는 음양유로 있어도 말로 잘 표현할 수 없는 것을 말한다. 축은 대음(大陰)이 차고 나서 마지막의 음유를 말한다. 인은 태양이 빛을 발하기 시작할 때의 양유를 말한다. 그리고 축에서 인으로 움직이는 유의 사이를 묘라고 말한다. 이 미묘에서부터 일기(一氣)가 시작되고 인의 소양에서 발생하여 활동하다가 축의 대음에서 멸하여 없어진다. 이것이 일기 출입의 문이고 생멸의 중심이다. 이것을 묘법의 정토라고 말한다. 기(氣)는 귀(鬼)에 속하기 때문에 이것을 귀문(鬼門)이라고 한다.

그래서 나는 묘법의 시조를 대신해서 널리 종법을 존중하고 있는 것이다. 이 종법에 관여하는 사람들은 상법을 배우고 더욱 묘법의 중요성을 알고 나서 일반 대중을 인도하고 묘법의 진수를 전해야 한다. 사실 상법의 오묘한 비밀로서 그 진수라고 하는 것은 모두 《법화경》에 있기 때문에 불가로 출가한 스님에게 물어보면 잘 알 수 있을 것이다.

무정의 생멸

Q 선생님께서 말씀하시는 식물이나 광물 등 무정(無情)의 생멸은 미신(未申)에 있다고 하셨는데 이것은 뒷귀문입니다. 무슨 이유로 그렇게 말씀하십니까?

A 미(未)는 태양이 차고 난 마지막의 양유(陽幽)이고 신(申)은 대음이 싹트기 시작할 때의 음유(陰幽)이다. 따라서 만물은 신(申)의 흙에서 그 기를 품고 일양래복(一陽來復)으로 발생하여 점차 돌아 정오의 햇빛을 만나 없어지고 미(未)의 흙으로 돌아간다. 이것은 만물이 흙에서 나서 흙으로 돌아가기 때문이다. 그렇기 때문에 뒷귀문이라 하는 것이다. 어쨌든 지상에는 나무가 가장 많다. 따라서 이러한 이유로 초목생멸의 중심은 미신(未申)에 있다고 하는 것이다.

* * *

관상의 도란 그 사람이 머무는 곳을 보고 마음이 움직이는 곳을 관찰하여 그 사람에게 맞는 명덕(明德 : 사람의 마음에 있는 맑은 본성)을 설명하고 그것이 머무는 곳을 정하여 마음이 반석처럼 움직이지 않는 것을 스스로 얻게 하는 것이다. 이것이 관상의 요체이다.

또한 관상에는 생사가 있다. 선한 상[善相]을 길(吉)이라 하고 악한 상[惡相]을 흉(凶)이라고 말하는 것이 점쟁이의 버릇인데 그러한 관상법은 죽은 상법(相法)이다. 사악한 것을 좋게 변화시키는 길이야말로 상법의 활물인 동시에 관상법의 가장 중요한 요점이다.

이런 원리를 사용하지 않고 함부로 관상을 볼 때 사람을 크게 다치게 할 수 있다. 오로지 자기의 주관을 떠나서 천기 대자연의 기에 따라 관상을 봐야 한다. 자기 마음대로 관상을 보면 천벌을 받는다. 더욱이 대자연의 움직임 그 자체가 관상으로 나타나기 때문에 오히려 두려워하고 신중해야 한다.

불륜은 운명의 복을 크게 갉아먹는다. 간통하는 남자는 말년

마음 습관이 운명이다

에 크게 장애를 입고 복을 갉아먹는다. 간통한 남자의 상은 후일에 혈색이 표시돼 그 후에도 계속 남는다. 수명이 다 되어 죽고 몸의 혈색이 다 없어진 후에도 그 혈색은 마지막까지 남는다. 장사를 치른 후에도 그 색은 없어지지 않는다. 그렇기 때문에 그 죄를 미래까지 갖고 가게 마련이다. 보통 마음이 천한 남자 중 불륜의 상을 가진 자가 많다. 물론 여자 중에도 불륜의 상을 가진 자가 없지는 않다. 그래서 나는 아내가 있지만 아내를 아내라 생각하지 않는다. 그저 인덕이 없는 친구라 여긴다. 아내라는 것은 선할 때는 어머니와 같이 선하다. 하지만 안 좋을 때는 심술궂은 악마와 같이 지독하다. 따라서 아내는 두려워하고 조심해야 한다.

상법수신록
제3권

제3권을 시작하며

몸에 병이 있거나 단명할 상을 가진 사람은 매일 아침 떠오르는 태양에 절하여 예를 표하는 것이 좋다. 매일 그렇게 하면 심신은 건강해지고 장수할 수 있다. 더구나 태양을 경배하는 일을 매일 실행하면 백 살까지 살 수 있다. 넓은 대자연의 기를 받아들이고 반혼불멸(返魂不滅 : 죽은 사람을 화장하고 그 혼을 집안으로 다시 불러들여 없어지거나 사라지지 아니하게 함)의 법을 행하고 황정석수(黃精石髓 : 황정은 둥굴레를 의미하며 석수는 신산의 석수를 뜻하는 것으로 선인이 복용하는 약명을 말함)를 복용하는 아침의 태양경배법이 있지만 이는 선인들이 하는 기술이기 때문에 함부로 전할 수 없다. 이 정도의 선술을 사용하지 않더라도 매일 아침에 떠오르는 태양을 경배하는 일은 선술에 부합되는 일이다. 그러니 매일 거르지 않고 실행하면 장수할 수 있을 것이다. 이 방법은 내가 지어낸 것이 아니고 내 나이 25세쯤, 상법을 배우기 위해 여러 곳을 유람하면서 수행할 때 동방에 있는 이방인에게 배운 것으로, 음덕을 쌓기 위해 여기에서 공개하는 바이다.

나도 원래 단명할 상으로 30세까지의 수명이었지만 이 법에 따라 이미 20년의 수명을 더 연장시켰다. 또 병으로 단명할 상을 가진 사람에게 내가 매일 아침에 떠오르는 태양에 대한 경배를 하게끔 한 결과 무병장수하는 것을 보았다. 나는 어려서부터 관상법은 신선술(神仙術)의 하나라는 말을 들어왔다.

그런 이유로 나는 21세부터 관상의 길에 들어서서 신선술의 스승을 찾고자 전국을 돌았다. 하지만 불행히 스승을 만나지 못했다. 그래서 깊은 산속으로 들어가 절이나 암자 등을 기웃거리며 그 법을 찾으려 갖은 애를 다 썼지만 아무런 소용이 없었다. 그러다 25세가 되던 해에 오주의 금화산 근처에서 드디어 선사를 뵙고 약 100일 동안 선도선법의 강의를 받았다. 이것이 나의 관상법의 극의이고 장수법이다. 아무리 속된 사람이라 할지라도 이 법을 실천하면 수명을 100세 이상으로 늘리는 것은 식은 죽 먹기다.

신선법을 실천할 때 속세에 있더라도 나무의 열매를 먹어서는 안 된다. 오곡주육(伍穀酒肉)을 먹더라도 이 방법을 지키면 수명을 늘린다는 것에 한 치의 의심도 없다. 이 방법을 가르쳐 줄 수 있는 사람도 드물거니와 알고 있는 사람은 더욱이 드물다.

배가 덜 차면
기분도 상쾌하다

Q 저는 요즘 기분이 좋지 않고 식욕도 없습니다. 먹지 않으면 생명을 유지할 수도 없는데 혹시 무슨 병이라도 생긴 걸까요?

A 식욕이 없으면 안 먹는 것이 좋다. 당신은 언제나 배불리 먹고 있으니 식욕이 없어지는 것이다. 가령 세 공기의 밥을 두 공기로, 두 공기의 밥을 한 공기로 줄여 먹는다면 비록 소박한 식사라 할지라도 맛있게 느껴질 뿐만 아니라 식욕도 절로 난다. 이와 같이 음식을 절제하고 신중히 할 때에 하루 세 끼의 밥을 먹지 못한다는 말은 나오지 않을 것이다. 음식을 절제하고 삼가는 사람은 부식이 없어도 맛있게 먹을 수 있다. 한편 신중함이 없이 항상 배불리 먹는 자는 비록 산해진미라 하

더라도 소박한 식사처럼 맛없게 느껴지는 법이다. 따라서 음식은 배를 채우지 않는 것을 원칙으로 해야 한다.

배가 덜 차면 식곤증이 없어서 뒷맛이 좋고 기분도 상쾌한 것은 모두 알고 있는 사실이다. 이것을 알면서도 대식, 폭식하는 것은 나쁜 줄 알면서도 나쁜 짓을 하는 것과 같다. 그것은 마치 밝은 불빛을 좋아하는 날벌레가 불 속으로 뛰어드는 것과 같이 자기 분수를 모르고 하는 행동이다.

마음 습관이 운명이다

2

영원한 것은 없다

Q 저에게는 아직까지 자식이 없습니다. 따라서 삼가 조심해서 덕을 쌓는다 해도 그 덕을 넘겨줄 자손이 없습니다. 그래서 저는 평생 사치하고 사후의 일은 생각지 않는 현세주의, 찰나주의의 삶이 좋습니다. 선생님은 어떻게 생각하십니까?

A 그것은 매우 잘못된 생각이다. 불설에도 있는 것과 같이 우리 인간의 생명은 불생불멸, 즉 영원하다. 한번 인간으로서 이 세상에 태어난 사람은 내세에도 또 인간으로 태어난다. 단지 인간에게는 인연 인과라는 것이 있다. 인연이란 원인을 만들고 맺는 것이고 인과는 그 원인을 완수하는 것 즉 원인으로 어떤 결과를 달성하는 것을 말한다. 이 세상에서 나쁜

원인을 만들고 저 세상으로 돌아가는 자는 다시 인간으로 태어나서 그 나쁜 원인에 따른 결과를 걸머지고 살아가야 한다. 또이 세상에서 선을 쌓고 좋은 인연을 맺어 저 세상으로 간 자는다시 인간으로 태어나서 평생 적선에 따른 행복을 누릴 수 있다.

이처럼 이 세상에서 쌓은 덕은 전부 저 세상으로 갖고 갔다가 내세에 태어날 때 다시 갖고 태어나서 이 세상의 영화를 누리게 된다. 그러니 이 세상에서 삼가고 신중함이 없이 방탕한 생활로 악을 쌓고 어찌 저승에서 영화를 즐길 수 있겠는가? 당신 같은 생각을 가진 자는 저 세상에서나 혹은 또다시 이 세상에 태어난다 하더라도 자기 입에 겨우 풀칠이나 할 뿐 영화를 누린다는 것은 도저히 생각조차 할 수 없게 된다. 과거나 현재 그리고 내세라 하더라도 모두 자기 행위가 연속된다. 그래서 자기 욕심을 삼가는 자는 불타의 신세를 져서 스스로 구원을 얻는다. 도대체 이 세상에서 스스로 자기를 돕지 않는데 자기를 도와주는 자가 어디에 있다는 말인가? 음식을 삼가고 절제해서 덕을 쌓으면 이 세상뿐만 아니라 저 세상에서도 자기를 도와준다는 것은 나의 주장이 아니고 바로 불법이다. 나의 말이 거짓이라고 생각되면 불법에 조예가 깊은 사람에게 물어도 좋다.

　　　　　　　　　　　마음 습관이 운명이다

음식 절제의 효과

 저는 젊어서부터 음식을 절제하고 신중히 여겨왔지만 아직까지 가난하고 겨우 처자식을 양육할 정도밖에 되지 않습니다. 그런 것을 보면 음식을 절제하고 삼가는 것이 과연 효과가 있는지 의심이 갑니다.

관상법을 모르는 자는 지혜로운 자가 아니다. 당신의 상을 보니 하늘로부터 받은 봉록이 적고 세상에서 빌어먹을 상이다. 그러나 젊었을 때부터 음식을 신중히 하고 과식하지 않았던 덕에 지금은 하늘의 봉록도 늘어나서 밥을 빌어먹을 일은 없다. 그러나 당신과 같은 상을 가진 자가 포식하는 경우는 비록 재산가라 할지라도 당대에 거지가 되는 것은 시간문제이다. 또한 당신에게는 고독의 상이 있지만 좋은 자식이 있다. 자식은 만년의 재산이다. 비록 유복한 삶을 살고 있다 하더라도 만년에 자식이 없으면 빈궁해진다. 당신의 경우는 젊어서부터 음식을 절제하고 신중히 하고 있기 때문에 만년에 자식에게 의지하거나 또는 자식 때문에 고민할 필요는 없다. 그래서 지금 유복하지 않다고 해서 탄식하지 않아도 된다. 부족하다는 사실을 알고 더욱더 음식을 절제하고 삼가 하늘의 봉록을 늘려 자손과 천지를 위해 덕을 쌓도록 하는 것이 좋다.

밥공기의 법칙

Q 저는 육체 노동은 별로 하지 않지만 먹는 것만은 대식, 폭식하는 편이고 아직까지 식사의 양을 정하지 못했습니다. 그래서 오늘부터 밥공기 큰 것으로 매일 두 끼씩으로 식사량을 정하고 이것을 3년 동안 실행하려고 하는데 이러면 유복하고 장수할 수 있습니까?

A 매일 식사 때 사용하는 밥공기는 그 사람의 신분의 귀천이나 도시에 사느냐 아니면 농촌에 사느냐에 따라 그에 맞는 규칙이 있다. 대체로 도시에 사는 사람은 육체 노동보다는 정신 노동에 종사하는 사람이 많기 때문에 작은 밥공기를 사용하고 농촌에 사는 사람은 항상 몸을 움직이는 육체 노동에 종사하기 때문에 큰 밥공기를 사용해야 한다.

신분이 높은 귀인이 큰 밥공기로 식사하는 일은 없고 또 신분이 낮거나 매일 노동에 종사하는 자가 작은 밥공기로 식사하는 경우는 없다. 밥공기는 하늘이 그 사람의 신분에 맞게 내려준 것이기 때문에 밥공기를 천목(天目)이라고 부르기도 한다.

마음 습관이 운명이다

5

절제를 못하면
인격자가 아니다

Q 음식을 삼가고 신중히 하는 것에 복팔분(腹八分) 즉 배를 적당히 채운다는 말이 있는데, 어느 정도 먹는 것을 의미합니까?

A 신체의 대소강약에 따라 사람마다 적당한 식사량이 있게 마련이다. 두 공기 또는 세 공기가 적당한 사람이 있는가 하면 네 공기 또는 다섯 공기가 적당한 사람도 있다. 따라서 세 공기를 먹었을 때 배가 부른 사람은 두 공기 반으로 줄이는 것이 복팔분이다. 즉 배의 80%만 채우는 것을 말하는데 보통 우리가 식사할 때 조금 더 먹고 싶어도 숟가락을 내려놓는 것이라 보면 된다.

사람이 배가 고프다고 느낄 때는 내장은 절로 그 입을 연다.

그리고 복팔분하면 자연히 그 입을 닫는다. 이때 절제하고 삼가면 되는데 그 이상 더 먹기 때문에 내장의 입이 닫히지 않고 더 먹지 않으면 만족감을 느끼지 못하는 악순환이 반복되는 것이다. 이것을 숙식(宿食)이라 하는데 이는 만병의 근원인 동시에 흉운(凶運)의 원인이 된다. 비운과 질병은 모두 음식으로부터 일어난다는 사실을 알아야 한다.

인격자나 지식인이라 하더라도 비운병신(悲運病身)인 사람은 모두 음식에 절제가 없는 사람이다. 음식을 절제하지 못하고 신중히 하지 않는 사람은 진정한 지식인이나 인격자라 말할 수 없다. 그런 사람은 일종의 괴물과 같다. 물론 신중한 사람이라도 전염병이나 감기에 걸릴 수는 있지만 그것은 천지의 변화에서 오는 불가항력적인 일로서 그리 흔하지 않다.

마음 습관이 운명이다

안락한 죽음

Q 선생님은 전생, 현세, 내세의 삼세에 걸쳐 구제받기 위해서는 음식을 절제하고 삼가라고 말씀하셨는데 어느 스님은 전생의 나쁜 인연을 풀고 미래에 잘 살기 위해서는 염불삼매(念佛三昧 : 염불로 잡념을 없애고 영묘한 슬기가 어려 부처님을 보게 되는 경지)에 들어가라고 하셨습니다. 저도 그 말씀이 옳다고 생각하고 있습니다. 무엇 때문에 음식을 절제하고 신중히 하면 전생, 현세, 내세의 삼세에 걸쳐 구제를 받게 되는지 잘 모르겠습니다.

A 염불이 소중한 것은 말할 필요가 없다. 큰 절에 살면서 큰 스님이 되어 붉은 가사를 입고 염주를 손가락 끝으로 하나씩 굴리면서 열심히 염불하는 스님이 많은데 일반 대중은 이들 스님과 별로 마주할 일이 없다. 그러나 과식상인(출

가 후, 풀, 과실 등을 음식으로 먹으면서 수행하는 사람)은 집도 절도 없이 누더기를 걸치고 볼품없는 차림으로 길거리에서 염불을 하고 있지만 일반 대중은 이 염불을 존귀한 것으로 생각한다. 이것은 과식상인의 경우 자기 몫의 식사를 절약하면서까지 열심히 염불하고 있기 때문이다. 그의 덕이 돌고 돌아서 일반 대중으로부터 존경을 받고 있는 것이다.

이와는 달리 열심히 염불하는 스님이라 할지라도 음식을 충분히 먹음으로써 자기의 덕을 손상시킨 스님은 일반 대중이 그를 받아들이지 않는다. 또한 현세에서 음식을 절제하고 삼가 절제한 양만큼을 천지에 되돌려 줄 때는 과거의 악한 원인을 풀고 현세의 수명, 복운을 연장시킨다. 현세에서 안락하면 임종도 안락하다.

사람은 임종 때 마음가짐으로 내세가 결정된다. 따라서 내세의 안락을 희망한다면 현세에서 음식을 절제하고 삼가 임종을 안락하게 맞이해야 한다. 음식을 절제하고 삼감으로써 현세와 내세가 구원받는다는 것은 내 이야기가 아니라 모두 불교의 경전에 설명되어 있는 것이다.

마음 습관이 운명이다

구원의 길

Q 밤낮없이 염불한다 해도 음식을 절제하고 신중히 하지 않는다면 부처님의 마음에 부합되지 않는다고 말씀하셨는데 저는 덕망 높은 스님들의 설법을 많이 들었지만 음식에 의해 불법에 이익이 있다는 말씀은 처음 들었습니다. 음식을 신중히 해야 한다는 주장은 선생님의 독단이거나 편견입니까?

A 불법은 정신을 다스리는 것을 그 근본으로 삼고 있기 때문에 음식을 삼가야 된다는 것이다. 왜냐하면 만사에서 마음이 흐트러지는 것은 모두 음식 탓이기 때문이다. 음식을 절제하고 삼가면 마음이 가라앉고 부동심(不動心)의 경지에 이른다. 부동심의 경지에 이르면 불법을 터득하기가 쉽다. 또 고기나 술을 많이 먹었을 때는 의식이 활발해지고 마음이 흐트러

져서 뜻밖의 좋지 못한 일을 하게 된다. 종합해보면 음식이 과할 때엔 마음이 절로 혼탁해지고 기분이 자연히 무거워져서 마음에 갈피를 잡을 수가 없어 불도를 얻기 힘들어진다.

불도를 치열하게 수행하는 스님은 음식을 절제하고 삼가야 하기 때문에 오전 열 시 이후에는 음식을 먹지 않는데 이것은 모두 기(氣)를 안정시켜 마음을 다스리기 위함이다. 당신도 불도 수행에 성의가 있다면 세 끼 중 한 끼를 줄여서 이것을 부처님께 봉헌하고 염불해야 한다. 그렇게 하면 자연히 부동심을 얻을 수 있어 그 길을 쉽게 성취할 수 있다. 음식을 삼감으로써 현세 및 내세에 구원을 받는다는 말은 모두 불교 경전에 있는 말로서 의심스러우면《육합경》과《일체경》을 참고하면 된다.

8

음주의 악순환

Q 저는 평소 식사는 절제하며 삼가고 있지만 원래 술을 좋아해서 술은 절제할 수가 없습니다. 좋아하는 술은 마셔도 생명에 지장이 없을 것 같은데 선생님께서는 어떻게 생각하시나요?

A 술을 조금 마실 때는 원기가 생기고 혈액 순환이 잘된다. 그렇지만 술을 많이 마시면 술로 인해 생명이 손상된다. 또한 술을 많이 마시는 대주가는 천지 신령도 싫어한다. 술자리에서 처음에 술을 조금 마시면 웃음이 있고 화기애애하지만 차차 술을 많이 마시게 되면 우울해지거나 고통스러운 표정으로 변하는 것을 볼 수 있다. 이것은 신이 고통스러워서 얼굴을 찡그리기 때문이다.

또 술을 많이 마신 다음날은 속도 편치 않고 갑자기 늙었다는 기분도 들 때가 있다. 때로는 자기 몸이 손상되었다고 생각하여 이것을 약으로 고치려고 한다. 약으로 일시적인 고통을 잊게 되면 어제의 고통을 잊어버리고 다시 대주, 폭음한다. 이와 같은 악순환이 몇 년 동안 지속되면 아무리 장수의 상을 가진 사람이라 할지라도 단명병신으로 죽게 된다.

마음 습관이 운명이다

부자를
흉내내지 말라

Q 새들을 좋아해서 이들을 오랫동안 사육하고 있는 자
는 만년에 유복한 상을 갖고 태어났지만 아직 가난하
고 출세 영달하지 못할 뿐 아니라 만년에 흉하다고 들었는데 이
는 살생계(殺生戒)를 범했기 때문입니까?

A 새들을 키우고 즐기는 것은 신분이 높거나 유복한 사
람들이 양생이나 심심풀이로 하는 것이다. 가난한 자
가 그와 같은 즐거움을 먼저 가지고자 한다면 지위가 높고 귀하
게 될 수 없다. 출세 영달이란 그와 같이 일은 하지 않고 즐기고
놀기만 해서 되는 것이 아니다. 성실한 사람은 지금의 신분보다
더 출세 영달하는 것을 즐거움으로 삼는 사람이지 새들을 키우
면서 때로는 죽이면서 즐기는 사람은 아니다. 천륜에 따라 자기

분수를 알고 행동해야 한다.

가난한 사람이면서 부자들이 하는 흉내를 내는 사람을 구빈(救貧)이라 한다. 즉, 구빈이란 자기 스스로 가난하게 될 것을 자청한다는 뜻이다. 새들을 키운다는 것은 비록 짧은 시간이라 하더라도 그만큼 자기 자신의 일에 전념하지 않는다는 것을 의미하며 또 그만큼 자신의 일이 침체되는 것이다. 이와 같이 쓸데없는 취미를 삼가지 않으면 기르고 있는 새장에 갇힌 새들처럼 평생 구속에서 해방되고 싶다는 마음을 가진 채 망하고 만다. 즐거움에 도취되다 보면 후에 반드시 고생하게 된다. 그렇기 때문에 쓸데없는 즐거움에 빠지지 말고 자신의 일을 즐거움으로 해서 노력해야 자연히 입신하여 출세할 수 있다.

마음 습관이 운명이다

늦잠은
불운을 부른다

Q 선생님께서는 비록 관상이 나쁘더라도 늦잠 자지 않고 아침 일찍 일어나는 사람은 운이 차차 좋아진다고 말씀하셨습니다. 그런데 저는 공인(工人 : 옛날에 악기를 연주하던 사람)으로 일은 언제나 밤일이고 아침에 일찍 일어나지를 못합니다. 어쩌면 좋습니까?

A 사람이 밤에 일을 한다는 것 자체가 대흉(大凶)이다. 밤에 잘 시간이 되면 반드시 자야 한다. 만약에 당신이 두 시간 밤일을 하고자 할 때는 아침에 두 시간 일찍 일어나서 밤일을 할 때와 마찬가지로 등불을 밝히고 일을 하면 된다. 그렇게 하면 태양의 운행과 마찬가지로 당신의 생명이 돌고 돌아서 자연히 운기(運氣)가 좋아지고 차츰 유복, 장수하게 되는 것

은 천지의 진리다.

또 두 시간 밤일로 벌어들인다고 해도 아침에 일어나는 것이 두 시간 늦으면 기분도 나쁘고 만사가 순조로이 진행되지 않는다. 그 대신 아침에 두 시간 일찍 일어나면 공기도 상쾌하고 세상도 조용해서 일의 능률도 오르고 정체되지 않는다. 이것은 태양의 운행, 운기가 좋기 때문이다. 아침에 늦잠을 자는 것은 빈궁, 단명의 근본이므로 두려워해야 할 것이다.

마음 습관이 운명이다

11

옛 일본에서 여자 관상을
보지 않은 이유

Q 선생님께서는 여자의 관상은 보지 않는다 하셨는데 조정에도 여자 관리[女官]가 있고 장군이나 제후 중에도 여자들이 있습니다. 그런데도 여자의 관상을 보지 않는 이유가 무엇입니까?

A 남녀는 음양이라고 하지만 각기 관상이 있게 마련이다. 또 일본은 화국(和國)이라 해서 여자들의 힘이 강한 나라이다. 그렇지만 음은 양을 따르는 법이므로 신하격인 여자가 군주격인 남자에게 순종하고 따르며 군주의 마음을 부드럽게 하기 때문에 여자의 존재 가치가 있는 것이다. 그러나 그와 같은 이상적인 여성은 신분이 높은 사람에게는 많지만 신분이 낮은 계급의 여자에게는 드물다. 따라서 관상을 말해

도 별 소용이 없다.

신분이 높은 계층의 이상적인 여성은 격식을 갖추면서도 알맹이가 있고 왈가왈부하지 않는다. 낮은 계급의 여자도 좋은 관상을 가진 자가 있다. 그러나 그 여자의 출신이 천한 태생이기 때문에 길상이라는 관상 결과를 말해 주면 기뻐서 어찌할 줄 모르고 남편을 무시하며 덤벼든다. 따라서 남편이 집안을 제대로 다스릴 수가 없기 때문에 집안 형편이 차차 어려워진다. 그렇게 되면 자기 관상은 좋은데 남편의 관상이 나빠서 고생한다고 남편을 원망하게 된다.

비록 남편의 관상이 나쁘더라도 아내가 신중하고 마음가짐이 좋으면 자연히 남편의 운을 도울 수 있다. 그렇기 때문에 내가 신분이 낮은 미천한 여자의 관상을 볼 때는 길상이라도 길상이라고 말하지 않고 단지 미래의 일에 관해서만 이야기할 뿐이다.

신분이 높은 여자는 남편에게 잘 순종하기 때문에 그 여자의 길흉은 모두 남편의 운세에 나타난다. 옛날 사람들은 나라가 어지러운 것은 하늘이 하는 일이고 모두 여자 때문이라고 했다. 그렇기 때문에 어쨌든 여자는 신분이 귀하고 천하고를 떠나서 이와 같은 일을 두려워하고 삼가야 한다.

마음 습관이 운명이다

12

절제력이 곧 수행력

Q 석가모니께서는 설산에서 수행하실 때 하루에 좁쌀 여섯 개로 식사를 했다고 합니다. 아무리 석가모니라 하더라도 하루 좁쌀 여섯 개로 생명을 유지할 수는 없다고 보는데 어떻게 생각하십니까?

A 생명을 가진 것으로 식물을 먹지 않고는 살아갈 수 없다. 비록 석가모니라고 해도 하루 여섯 개의 좁쌀로 목숨을 이어갈 수 없다. 이것은 석가모니께서 설산에서 수행하실 때 자기 몫의 음식을 감량하고 절제하여 천지에 공양하여 큰 소원을 세운 것을 상징적으로 표현한 것이다. 우리가 지금 불법(佛法)에서 만나게 되는 것도 석가모니의 대원성취(大願成就)의 한 증거이다.

13

운은 보상이다

Q 저는 유명해지기 위해 음식을 절제하고 신중히 하고 있는데도 운세가 자꾸 나빠져서 고통을 당하고 있습니다. 운세의 길흉은 음식의 절제와는 관계없고 정말 강한 운세를 가진 자는 음식을 절제하거나 신중함이 없이도 출세 영달하는 것 아닙니까?

A 한 가지 일에 우수하고 뛰어난 사람에게는 절제하며 신중해도 하늘이 더욱더 고통을 주는 경우가 있다. 이것은 하늘이 그 사람으로 하여금 그의 도(道)를 더욱더 깊이 연구하여 완성하게 하기 위해서다. 그릇이 큰 인물은 여러 가지 고난이 닥친다 해도 그 길을 의심하지 않고 더욱더 분발하여 그 도를 끝까지 닦는다. 그래서 마침내 천하에 그 명성을 날리

마음 습관이 운명이다

게 된다. 이와는 반대로 그릇이 작은 소인배는 신중함이 없이 의심하고 하늘을 원망한다. 그래서 고난을 이기지 못하고 떠돌아다니다가 결국 망한다.

운이라고 하는 글자는 돈다는 의미로써 길흉지간에 자기가 하는 탓에 따라서 돌고 돌아온다는 말이다. 운은 보상의 뜻이 있는 말이다. 자기의 일시적인 쾌락이나 즐거움만을 추구하면 얼마 안가서 고통스런 보복이 닥친다. 또한 운에는 운반한다든가 거둬들인다는 뜻도 있다. 평소 자기가 행한 일이 비록 작은 선행이라도 이것이 차츰 쌓여 천지의 대선(大善)에 이르게 된다. 그래서 선한 사람에게는 빈궁이 없다는 말이 있다.

사치의 대가

Q 의식주 중에서 음식을 신중히 하면 입는 옷이나 사는 집은 사치해도 되나요?

A 의복이나 주택도 자기 신분에 맞아야 길(吉)이 된다. 입는 옷이나 사는 집이 자기 신분보다 화려한 사람은 겉을 꾸미는 사람으로서 마음고생이 끊이지 않는다. 이와는 반대로 입는 옷차림이나 사는 집도 신중하고 신분보다 화려하지 않은 사람은 그 덕이 내면에 차고 넘쳐서 겉보기보다는 고생을 덜 한다. 또한 절제하지 않고 신중하지 못하며 함부로 먹고 마시는 자는 사치스런 옷이나 입고 분에 넘치는 가구나 치장으로 세상을 기만하는 사람이다.

그러나 음식을 절제하는 사람은 자신의 신분을 알기 때문에

마음 습관이 운명이다

매사에 신중하고 사치하지 않는 것을 보더라도 의식주 중에서 음식이 근본이라는 것은 분명하다. 음식은 우리 몸 속에 들어가야 효력을 발휘하기 때문에 음으로써 조용하고 소박하게 식사하는 것이 길(吉)이라 하고 절제함이 없이 대식, 폭식하는 것은 흉(凶)이라고 한다. 또 의복과 주택은 밖에 있기 때문에 양으로써 자기 분수에 맞는 것이 길이고 지나치게 화려한 것은 흉이다.

운이 없는
사람은 없다

Q 저는 젊었을 때부터 운이 몹시 나빠서 많은 고생을 했습니다. 태어날 때부터 천운이 없어서 그런 것인지 아니면 관상이 나빠서 그런 것인지를 설명해주시겠습니까?

A 운이 없다고 한탄하는 사람은 당신뿐만이 아니다. 운이 없다고 하늘을 원망하는 사람이 많다. 운이 없는 사람은 없다. 또한 태어난 이상 운이 나쁘다고 하는 것도 없다. 사람은 본래 태양의 빛을 받아 신체가 생긴 것이기 때문에 태양의 빛은 주야를 가리지 않고 우리 몸 속에서 운동하며 순환하고 있다. 그것을 운이라고 한다. 운은 바로 목숨이다. 그래서 운명이라고 하는 것이다. 귀천을 막론하고 인간은 하늘에서 운명을 받고 살다가 한 줌의 흙으로 돌아가는 존재이다. 그래서

마음 습관이 운명이다

인간은 하늘로부터 받은 천운이 다하면 목숨도 끝나는 것이다.

사람이 살아 있다는 것은 하늘의 빛이 그 사람에게 머물고 있는 것을 의미하고 죽는다는 것은 하늘의 빛이 그 사람으로부터 떠난다는 것을 의미한다. 따라서 사람이 죽음으로 가고 있다 해도 아직 하늘의 빛이 그 사람으로부터 떠나지 않으면 죽지 않았다는 것을 뜻한다. 그렇기 때문에 사람이 살아 있는 동안 운이 없다는 말은 있을 수 없다. 그 운을 좋게 하기 위해서는 천리에 따를 수밖에 없다.

태양은 오전 네 시경에 동방에서 떠오르기 시작하여 잠시도 쉬지 않고 지구상의 모든 생물을 살리기 위해 하늘을 돈다. 사람도 그와 같이 태양이 떠오르는 시간에 일어나서 집안일을 게을리 하지 않고 노력하면 천리에 합당하므로 그 사람의 운세는 차차 좋아진다. 운전, 운선, 운동이라는 단어가 있듯이 운이라는 말에는 움직인다는 뜻이 있다. 따라서 스스로 움직여서 벌어들이지 않으면 운이라고 할 수 없다.

16

아침형 인간이
성공하는 이유

Q 아침 일찍 일어나면 운명이 좋아져서 출세 영달을 이룰 수 있다고 합니다. 그러나 운명은 하늘에서 받는 것이기 때문에 한도가 있을 것이라 생각합니다. 따라서 운명이 하늘에서 주어지는 것이라면 비록 아침 일찍 일어난다고 해서 운명이 좋아질 것이라고 생각되지 않습니다. 선생님께서는 이 점에 대해 어떻게 생각하십니까?

A 아침 햇빛에는 소양발달의 기가 있다. 사람이 이 기를 받으면 심기가 스스로 건전해지고 심기가 건전해지면 운명은 스스로 건전하게 된다. 운은 기에 따라 움직이는 것이기 때문에 운기(運氣)란 말은 이를 뜻하는 말이다. 아침에 늦게 일어나는 자는 소양발달의 기를 받을 수 없으므로 관상이 좋다 하

더라도 운이 좋을 수가 없다. 따라서 아침에 늦게 일어나는 자는 항상 건강하지 못하고 안색이 좋지 않다. 아침에 늦게 일어나면 소양발달의 기가 적기 때문에 하늘에서 받게 되는 햇빛의 힘을 유지하고 촉진할 수 없어서 원기가 없어진다.

늦잠을 자는 사람은 대체로 생애의 7할을 잠으로 소비하고 1할을 먹는 데 소비하고 1할을 놀러 다니는 데 소비하여 겨우 1할만을 일하고 벌이하는 데 쓴다. 그래서야 어떻게 입신해 출세하겠는가? 보통 늦잠을 자는 사람은 쓸데없이 밤늦게 일하거나 밤샘을 한다. 이것은 바로 음양의 순리를 무시한 음양의 도적인 것이다. 이미 태양이 중천에 떠오르는 시간이지만 그의 마음은 아직 한밤중으로 죽은 듯이 자고 있다.

늦잠을 자는 사람은 하루의 일과를 수행하는 데 무리가 따르게 마련으로 하루 종일 몸은 허우적거리고 마음은 초조하여 일과가 제대로 될 리가 없다. 하루의 일과를 반나절에 해치우려고 하기 때문에 일도 되지 않고 운이 좋을 리 없다. 귀천을 막론하고 좋은 운을 유지하고 발전하고 싶으면 아침 일찍 일어나서 소양발달의 기를 받으면서 하루의 일과를 활기차게 하고 음식을 신중히 하는 것 이외에는 방법이 없다.

17

베풀 때는
베풀어야

Q 제가 근검절약을 시작하고부터 세상 사람들이 저를 좋게 보지 않을 뿐만 아니라 집에서 일하는 사람들도 잘 붙어 있지 않습니다. 이를 그만두는 것이 좋겠습니까?

A 당신의 근검절약은 인색에서 출발한 것이기 때문에 안 좋은 것이다. 진정한 근검절약이란 사물의 시작과 끝 그리고 본말을 소홀히 하지 않고 물건이 남아도는 것을 절약하는 것이다. 즉 꼭 필요할 때는 써야 하고 필요하지 않을 때는 절약해야 한다는 말이다. 그러나 소인배들은 절약해야 한다고 말하면서 집에서 일하는 사람들이 먹는 음식에 인색하고 세상이나 이웃의 어려움을 보고도 외면한다. 따라서 베풀어야 할 때 베풀지 않는 것을 절약이라고 말할 수 없다. 이는 인색하다

마음 습관이 운명이다

고 하는 것이다.

  이런 주인을 모시고 있으면 아랫사람은 주인을 속이고 돈을 훔치게 되고 밖에 나가서는 사치하며 남들은 당신을 거지같다고 악담하게 된다. 그렇기 때문에 당신 같은 사람은 절약 따위는 하지 말아야 한다. 평소 쓸데없는 짓을 하지 말고 부리는 사람에게 인색하게 굴지 말며 그 대신 당신이 먹는 음식을 절제하고 신중히 해야 한다. 집안의 주인 된 사람은 천지에 음덕을 쌓고 집안사람들에게 모범을 보이며 혼자만이 스스로 절약을 실천해야 한다. 그러면 집안에서 일하는 모든 사람이 당신의 고귀한 뜻을 따를 것이다. 그렇게 되면 집안사람들도 절약하고 세상 사람들은 당신을 현인이라고 칭찬할 것이다. 그렇게 음덕을 쌓아가면 만년에는 재산도 모으게 되고 천운을 받아 무병, 장수할 것이다. 이것은 곧 천리를 따르는 덕분이다.

신체는 집이다

Q 단명할 상이라도 음식을 절제하고 신중히 하면 장수
의 상으로 변한다고 하셔서 저는 젊었을 때는 폭식했
지만 이 사실을 알고부터는 음식을 엄격히 절제하고 삼가고 있
습니다. 관상법상으로 제가 어떻게 변했는지 솔직하게 말씀해
주세요.

A 먼저 신체는 그 집에 속하는 것이고 마음은 그 집의
주인에 속하는 것이다. 부모로부터 신체라는 집으로
건전하게 출생했다 하더라도 자기 마음이 천하기 때문에 음식
을 절제하고 삼가는 것을 잊고 양생을 잘못하면 병을 얻어 마
침내 신체라는 집이 상한다. 이것은 마치 그 집안의 주인이 신
중하지 못하여 선조 대대로 내려오는 집을 망하게 하는 것과

마음 습관이 운명이다

같은 이치이다.

　비록 집이 낡았다 하더라도 집 주인이 신중하다면 수리, 보수해서 오래도록 그 집을 유지할 수 있다. 또한 새 집이라도 파손되는 경우가 있다. 이 때 집 주인이 신중하지 못하면 그 집을 수리, 보수할 수 없어 기둥이나 초석들이 허물어지고 마침내 비가 새고 햇빛이 새어 드는 황폐한 집이 되고 만다. 그래서 더위와 추위를 막지 못하고 비바람을 막지 못하면 그 집에서 살 수 없게 되어 집을 버리고 나갈 수밖에 없다. 이것은 마치 신중함이 없어 병이 생기고 병이 생기면 마음이 그곳에 머물 수 없어서 하늘나라로 돌아가지 않으면 안 되는 이치와 같다.

　이와 같은 인과의 진리를 알고도 폭음, 폭식하는 자는 마치 자기가 살고 있는 집을 원수처럼 생각해서 벽을 허물고 기둥을 무너뜨리며 주춧돌을 빼내는 것과 같은 행위를 하는 자이다. 폭식을 하면 몸이 상한다는 정도는 누구나 다 알고 있는 사실이지만 술에 취하면 몸이 상하게 된다는 사실을 잊어버리고 자기도 모르게 무의식 중에 폭음하게 된다. 이러한 무리는 어리석기 짝이 없고 세상에 아무런 도움이 되지 않는 곡식만 축내는 식충과 같은 사람들이다.

19

혈색을 보면
운이 보인다

Q 선생님이 음식을 절제하고 삼갈 때는 혈색도 좋아지고
운도 열린다고 했습니다. 그러나 음식은 본래 신체를
양육하는 것으로, 운명과는 직접적인 관계가 없다고 보는데 선
생님께서는 어떻게 생각하십니까?

A 음식은 분명히 신체를 양육하는 근본이다. 그렇기 때
문에 음식을 절제하고 신중히 하면 오장이 튼튼해지
고 위장이 좋아지며 신체가 건강해지고 기(氣)도 스스로 열린
다. 기가 열릴 때는 운(運)도 이에 따라 스스로 열린다. 기에 따
라 운도 열리기 때문에 운기(運氣)라고 하는 것이다.

그러나 과식할 때는 위장이 나빠지고 기가 스스로 무거워진
다. 기가 무거워지면 기색(氣色)이 침체되어 혈색이 밝지 않고 어

마음 습관이 운명이다

두워진다. 혈색이 밝지 않으면 운이 열릴 리 없다. 속는 셈치고 내가 말하는 대로 음식을 절제하고 삼가며 신중히 지켜보길 바란다. 그래도 아직 운기가 열리지 않았다면 이 세상에는 진리도 없고 신도 부처도 없다. 종을 치고 북을 치면 소리가 안 날 리 없는 것처럼 그런 일은 절대로 없다. 만약 내가 하는 말이 틀리다면 나 미즈노 남보쿠는 천하의 역적이다.

올바르게
부지런히 살라

Q 상법에 의하면 늘 수신제가(修身齊家)해야 함이 선생님의 지론인데 성인의 도를 배우지 못한 소인이 어찌 그와 같은 방법을 할 수 있겠습니까?

A 관상법은 모든 진리에 통해 있고 모든 사물의 시종과 본말을 요점으로 해서 처음부터 끝까지 절약할 것을 권장하고 있다. 이것을 배우는 자는 저절로 가업의 본말을 알고 모든 것을 절약하는 방법을 알게 된다.

소인의 경우 기본적인 가업을 열심히 하고 낭비할 일을 만들지 않는 것이 수양으로 수신제가 하는 방법이다. 수양의 시작은 지금 하고 있는 일을 올바로 하고 게을리 하지 않는 것이다. 더욱이 인간은 본래 선하기 때문에 배우지 않더라도 무엇이 옳은

마음 습관이 운명이다

가를 잘 알고 있다. 배우지 않고도 미래를 알고 몸을 수행하는 자가 많다. 또 배운 사람이라 해도 효(孝)를 모르고 수신(修身)도 몰라 생을 허비하는 자도 많다.

비록 많이 배워 박식한 사람이라 하더라도 시작과 마지막 그리고 절약을 깨닫지 못하고 자기 일을 태만히 한다면 수신제가할 수 없다. 따라서 평범한 서민은 일기나 증거 문서, 그리고 거래할 때 필요한 것만 배우고 나머지 시간을 자기가 맡은 가업에 힘쓴다면 오상(五常)은 저절로 갖춰진다. 지나친 것은 모자라는 것만 못하다는 말과 같이 소인배가 많이 배울 경우 집안에 손해를 입혀서 오히려 배우지 못한 것보다 더 나쁜 결과를 가져올 수도 있다.

왜 악한 사람이
오래 살까?

Q 자비롭고 착한 사람은 반드시 일찍 죽고 못된 사람은 오래 산다고 하는데 이것은 악이 많아져서 선을 없애기 때문입니까?

A 그것은 모두 심기(心氣)에 따른 것이다. 심기가 약한 사람은 단명하고 심기가 강한 사람은 장수한다. 즉 심기가 약한 사람은 끈기도 약하고 사람들과 오래 다투지도 못한다. 또 끈기가 약하면 나쁜 일을 꾸미지도 못한다. 그렇기 때문에 착해 보이는 자가 단명한다는 것이다. 그렇다고 이런 사람이 모두 참으로 선한 사람이라고는 할 수 없다. 심기가 강한 사람은 끈기도 강하기 때문에 사람을 대할 때 강한 인상을 풍긴다. 또 다른 사람과 다툴 때도 심기가 튼튼해서 할 말을 충분히 한

마음 습관이 운명이다

다. 그런 사람들은 심기와 끈기가 튼튼하기에 장수할 수 있는 것이다.

진정 착한 사람은 매일 자기를 반성하고 스스로 겸손하며 윗사람을 존경하고 아랫사람을 정으로 다스리며 자기에게 해로운 사람이라도 미워하지 않는다. 그러한 사람을 진정한 의미에서 착한 사람이라고 말할 수 있는데 그런 사람은 군자 외에는 드물다.

활력을 키우면
수명이 늘어난다

Q 선생님께서는 천명을 늘려 수명을 지키는 데 무엇이 가장 필요하다고 생각하십니까?

A 인간의 생명은 하늘이 내린 것으로 몸과 마음의 근원인데 이것을 늘리는 것은 별로 어려운 일이 아니다. 생명을 늘리는 방법은 활력을 키우는 것이다. 활력을 키우는 일은 음식은 물론, 눈, 귀, 코, 혀, 몸, 마음가짐을 항시 평안히 하는 것이다. 따라서 활력을 키우면 나름대로의 생명을 크게 연장시킬 수가 있다. 천지의 덕을 아는 자는 만사를 처음부터 끝까지 절약하고 음덕을 쌓아 저절로 복과 덕이 찾아오게끔 한다. 시종일관 절약하고 그것을 스스로 즐기면 자연히 마음은 편안해지고 활력이 커진다. 이것을 호연지기(浩然之氣)라 한다.

마음 습관이 운명이다

술과 고기를 즐기는 자는 자기도 모르는 새에 스스로 심신을 해치게 되어 호연의 기(氣)도 잃는다. 항시 절약하는 것을 지키면 설령 빈곤하고 단명할 상이라도 장수하여 그에 맞는 복을 받고 음식을 절제하면 운명을 늘려 생명을 지킬 수 있다.

가진 것부터
소중히 생각하라

Q 저는 젊어서 나쁜 짓을 하지 않고 남을 도우며 살아왔다 생각하는데 남들은 저를 높이 사지도 않을 뿐더러 저를 써주는 사람도 없습니다.

A 그것은 당신에게 신중함이 없기 때문이다. 내가 생각하기에 당신은 평소 욕심이 많고 물건을 함부로 쓰고 버릴 것 같다. 그래서 그 대가가 돌고 돌아 다시 당신에게 와서 세상 사람들도 당신을 버리는 것이다. 또 당신은 세상 사람뿐 아니라 만물에게서도 버림을 받을 수 있다. 그 이유는 사람이나 만물은 동일한 것이기 때문이다. 만물은 무정(無情)이지만 버리는 물건을 도우면, 즉 아껴 쓰면 방생하는 것과 이치가 같아 자연히 복이 들어오게 되고 생명도 늘어나며 사람도 당신을 쉽게 버리지 못한다.

마음 습관이 운명이다

모든 게
자기 탓이다

Q 어린아이를 키울 때 깨끗한 옷을 입히고 좋은 음식을 주어서 키우면 재기가 넘치는 아이로 키울 수 있지만 그렇지 못하면 이와 정반대의 아이가 된다고 하는데 맞는 말입니까?

A 인간의 재기(才氣 : 재주가 있는 기질)는 천지의 신령이 주는 것이다. 그래서 재기는 비단옷을 입히고 맛있는 음식을 먹인다고 해서 생기는 것이 아니다. 비록 더러운 옷을 입고 소박한 식사를 한다고 해서 재기가 생기지 않는 것도 아니다. 부모가 가난한 자는 모두 속물이라 생각하면 잘못이다. 가문이 좋고 훌륭한 집안에서 태어났다 하더라도 속물은 있게 마련이다.

비록 속물이라 할지라도 때를 만나면 천하에 쓰일 때가 있다.

이것들은 자기가 매일 행한 행동에 의해 결정되기 때문이다. 세상만사가 모두 자기 탓에 의해 결정되고 모두가 자기 하기 나름이다. 그렇기 때문에 매사에 신중하고 음식을 절제하여 음덕을 쌓는 것이 무엇보다 중요하다.

마음 습관이 운명이다

죽을 운명은
없다

Q 선생님은 단명할 사람도 장수할 수 있다고 늘 말씀하십니다. 그러나 수명이란 신의 생각조차 미치지 못하는 것인데 어째서 장수할 수 있다 하십니까?

A 인간의 수명은 불생불멸(不生不滅)로 길지도 않고 짧지도 않으며 시작도 없고 끝도 없는 것이다. 사람은 하늘의 양화(陽火)를 받아 살아간다. 이를 심화(心火)라고도 한다. 이 심화가 하늘로 돌아가지 않을 때는 죽지 않는다. 신중을 기하는 사람의 단전(丹田)에는 이 심화가 머물기 좋기 때문에 오래 머물러 있으며 장수할 수 있다. 신중함이 없는 자는 심화가 단전에 오래 머물 수 없다. 그렇기 때문에 심화가 신체를 떠나 하늘로 되돌아가지 않는 방법을 스스로 터득해야 한다. 방법이 터득

되어 그대로 행했다면 단명할 상이라도 죽지 않는다.

신선법에서 선인은 호흡을 발뒤꿈치로 한다고 했다. 발등의 등은 삼갑(三甲)에 해당하고 뒤꿈치는 배의 삼임(三壬)으로 단전에 해당된다. 이것은 자기의 심화가 단전에 잘 머물고 고요하기 때문에 뒤꿈치로 호흡한다는 것이다. 이와 같이 항상 심기가 단전에 머물러 있으면 비록 놀랄 만한 일이 생겨도 심화를 잃지 않고 정신도 잃지 않는다.

또 심기가 단전에 없는 자는 예를 들어 높은 곳에서 떨어지면 놀라서 "아!"하고 소리친다. "아"하는 소리와 함께 심화가 하늘로 돌아가기 때문에 불러도 돌아오지 못한다. 이런 경우에는 평소 신중함이 없고 심기가 단전에 없기 때문에 뜻밖에 죽는 수도 있다. 그러나 평소 신중한 사람은 심기가 단전에 머물고 있다. 그래서 설사 높은 곳에서 떨어졌다 해도 곧 단전에 미치기 때문에 "웅"하고 숨을 죽인다. 그렇게 하면 단전은 반석같이 되어 심기(心氣)가 온몸에 차고 넘친다. 그렇기 때문에 심화(心火)가 하늘로 돌아가는 일도 없다.

사람의 심기가 단전에 머무는 것을 선수(仙壽)라 한다. 복록수(福祿壽)를 유지할 수 있는 것은 모두 단전에 있고 그것이 단전에 존재할 수 있는 이유는 모두 음식을 절제하고 신중히 하는 데 있다.

마음 습관이 운명이다

26

곡식과 소금의
중요성

Q 우리가 먹는 음식 중에 오곡(伍穀) 이외에 귀한 것은 무엇입니까?

A 어떤 음식이라도 사람에게 중요하지 않은 것은 없고 또 그 덕이 크지 않은 것이 없겠지만 오곡 이외의 귀중한 것으로는 소금을 들 수 있다. 소금은 세상의 사기(土氣)로써 바다뿐 아니라 대지에도 충만해서 이 지구상에 소금을 품지 않는 토양은 없다. 소금은 음양의 기에 따라 만물에 포함되어 있어서 우리의 신체를 튼튼하게 하는 것이 소금의 덕이다. 또한 소금은 신체를 단단하게 하는 근본이고 그 덕은 오곡과 같다. 그렇기 때문에 소금을 절제하지 않고 함부로 소비하는 사람은 비록 좋은 관상을 갖고 있어도 결국 빈곤하고 단명하게 된다.

관상이 좋아 복이 있더라도 다병단명(多病短命)하게 되는 것은 자신의 봉록(俸祿)을 튼튼히 해준 신(神)을 해친 것이기 때문에 일어나는 일이다. 이것이 하늘의 이치이다.

모든 만물에는 제각기 신(神)이 존재한다고 하는데 그 중에서도 곡식과 소금에 머무는 신처럼 존귀한 신은 없다. 오주(娛州)에 영험(靈驗)하기로 유명한 염부명신(鹽釜明神)이라는 신사가 있는데 이곳에서는 불경한 짓을 하면 즉시 신벌을 받는다고 한다. 결국 소금을 절제하지 않고 함부로 소비하는 일은 이 염부명신을 범하는 일이기 때문에 삼가고 조심해야 한다.

마음 습관이 운명이다

PART **4**

상법수신록
제4권

진정으로
덕이 있는 사람

Q (에도 시대 사상가이자 유학자인)오규 소라이[荻生徂徠]나 다자이 슌다이[太宰春台]는 덕이 있는 인물이라 생각하는데 대중은 그들을 덕자(德者)라 하지 않습니다. 많이 배운 유학자들인데 어째서 덕자가 아닙니까?

A 소라이나 다자이는 덕자가 아니다. 그들은 심기가 강하고 그들이 추구하고자 하는 도를 공부하여 이것을 기억하는 일이 다른 사람보다 우수했기 때문에 이런 인물의 경우 오히려 호걸이라고 하는 것이 맞을 것이다.

진정으로 덕이 있는 자는 책상 앞에서 논하지 않고 가거나 오거나 앉거나 서거나 자기 자신을 도(道)로 하고 만물을 서적(書籍)으로 삼으며 오로지 그 이치만을 밝히고자 하는 사람이다. 이런 사람을 진정한 의미의 덕자라고 부른다. 또한 여러 가지 진리를 규명할 때에는 만물의 덕이 무거운 것을 알게 되고 자기 스스로 신중하므로 자연히 덕을 쌓게 되는데 이런 사람을 덕자라 한다. 이와 같은 사람은 비록 가난하더라도 하늘로부터 복과 장수의 은혜를 받는다.

이와 같은 인물 밑에는 세상 사람들이 저절로 그 덕을 흠모해서 모여들기 때문에 천하의 덕자라고 부른다. 비록 배운 것이 없는 소인물이라 하더라도 천지의 덕을 쌓아서 덕자가 되는 경우가 아주 많다. 그렇기 때문에 호걸이라 불리는 사람은 적고 덕자라 칭송받는 사람은 많은 법이다. 따라서 어떠한 도(道)에 있어서도 호걸 이외의 사람은 천지의 덕을 쌓는 일이 세상에 이름을 알리는 지름길이라고 생각된다.

모름지기 불교의 스승인 사람은 덕을 근본으로 하지 않으면 안 된다. 세상에 존재하는 만물은 천지의 덕이 주신 것이다. 그런데 이 사실을 모르고 돈이 있으면 언제라도 구할 수 있는 것이라고 생각하면서 물건을 소홀히 하고 소비하며 술과 고기를 즐기고 음욕을 탐닉하고 기(氣)가 강해져서 남을 헐뜯고 비평을 일삼는다. 또한 말솜씨에 자만하여 말의 조화로 사람을 놀라게 한다. 더구나 어떤 사람으로부터 쓰임을 받게 되는 경우에는 문제를 일으키기 쉽다. 스스로 무덤을 파는 격이다.

마음 습관이 운명이다

2

신이 먼저인가,
창조가 먼저인가

Q (일본 설화에 따르면) 천지개벽할 때 세상에 처음 생겨난 것이 국상입존(國常立尊)이란 신이라고 하는데, 만물이 먼저 생긴 것이 아닐까요?

A 국상입존이라는 개념에 모양이 있는 것이 아니다. 이 세상에 존재하는 만물의 덕이 소중하다는 의미에서 국상입존이라 이름을 붙인 것에 지나지 않는다. 천지개벽할 때 신도 함께 생겨났다고 하지만 이 세상에 만물이 존재하지 않으면 신(神)의 목숨도 양명할 수 없을 뿐만 아니라 신(神)인들 무슨 소용이 있겠는가? 그렇기 때문에 만물이 바로 국상입존인 것이다. 따라서 국상입존의 은덕은 크고 한이 없다. 만물의 덕을 아는 사람은 진리를 구명해서 자연과 자연에 존재하는 만물을 존

귀하게 여긴다. 그러므로 만물을 존귀하게 여기는 사람은 만물을 함부로 소비하지 않고 근검, 절약을 생활화해서 스스로 우주 만물의 진리를 획득한다.

관상가는 이 덕을 알고 있기 때문에 먼저 자기 자신의 관상부터 시작해서 이것을 온전하게 보급시키고 일반 대중이 따라 수신하게끔 하는 것을 목적으로 한다. 그렇지만 이 덕을 획득하지 못한 관상가는 만물이 유전하고 날로 새로워진다는 사실에 생각이 미치지 못한다. 그래서 남의 관상을 봐도 관상을 보는 사람에게 해를 끼치게 되고 또한 불이익이 될 뿐이므로 실로 두려운 것이다.

마음 습관이 운명이다

다른 종교가
존재하는 이유

Q 일본이 신도(神道)만으로 충분하다면 다른 나라 종교인
유교와 불교는 필요 없는 것이 아닙니까? 신도로 충분
하지 못하기 때문에 유교와 불교라는 두 가지 종교가 필요하다
고 생각되는데 선생님께서는 어떻게 생각하십니까?

A 유교와 불교도 종교 이전에 진리의 일면일 뿐만 아니
라 일본의 신도(神道)와 모순되지 않다. 불교국이라고
하여 자비만으로 나라를 다스릴 수가 없고 또 유교국이라고 해
서 예(禮)만으로 백성을 다스릴 수 없다. 그렇기 때문에 일본이
나 중국 등 동양에서는 신·유·불의 삼교를 통해서 천하를 다
스리고 있는 것이다. 즉 일본의 삼사는 신·유·불의 삼도에 따
른다.

천조대신은 중앙에 위치하고 있으므로 신도를 나타내고 팔번궁(八幡宮)은 불법을 대신하는데 방생회가 있어 팔번대반경이라고도 하며 불법을 의미하는 것을 알 수 있다. 또 춘일명신(春日明神)은 유교에 해당된다. 조괘(鳥掛)라는 행사가 있는데 이것은 들이나 밭을 황폐화시키는 짐승들을 잡는 행사로 천하를 위해 악귀를 잡고 나라를 다스리는 것을 나타낸다. 통치자는 법으로 나라를 다스리고 신하는 그 좌우에서 도리를 다해 통치자를 돕는 것이다. 국민에게 자비를 베풀면서 권위를 갖고 사악한 무리들을 평정하고 천하의 정치를 행하는 것이다.

천조대신은 태양의 신이고 신중함을 근본으로 한다. 그렇기 때문에 신중하게 실천하는 자에게는 자기 자신을 다스리는 것을 돕는 구실을 한다. 춘일명신에는 소양발달의 기(氣)가 있고 사람들의 입신 출세를 돕는 작용이 있다. 팔번궁은 말양의 끝으로 두 번씩 출세하는 것을 돕는 작용이 있다. 가을은 결실의 계절이라고 하지만 사실은 모든 식물이 말라죽는 살벌의 기가 있고 만물이 모두 망하여 그 근본으로 돌아가는 계절이다. 그런데 이를 알고 있다는 듯 팔번궁에서는 8월에 산 짐승을 방생하는 법사가 행해지고 있다. 이 행사에는 만물이 헛되이 되는 것을 막는 상징적인 의미가 있다.

마음 습관이 운명이다

절제만이
답인가?

Q 음식을 함부로 하는 사람은 출세 영달을 할 수 없다고 하는데 중국 당나라 때의 이백(李白)은 천하가 다 아는 유명한 대주가였습니다. 그러고도 현인이라는 평을 받고 있습니다. 따라서 큰 인물이라면 음식의 신중함과는 관계가 없는 것 같습니다. 선생님은 이에 대해 어떻게 생각하시나요?

A 보통 술을 많이 마시면 몸과 마음이 흐트러지게 마련이다. 그러나 이태백이라고도 불리는 이백은 술을 많이 마시면서도 몸과 마음이 흐트러지지 않았다. 그래서 그 이름이 천하에 널리 퍼져 있는 것이다. 그렇지만 소인배들은 술을 많이 마시면 몸과 마음이 흐트러지고 만사가 뜻대로 움직여지지 않기 때문에 쓸모없는 인간이라고 한다.

일본의 고도[後藤] 장군은 평소 술을 많이 마셨지만 몸과 마음이 흐트러지는 일이 없고 항상 위엄을 지킬 수 있었기 때문에 후대에까지도 그 용맹함이 전해져 내려오고 있다. 또한 이백은 술만을 마신 것이 아니다. 이백백배시백편(李白百杯詩百篇)이라 하여 술 한 잔을 마실 때마다 시(詩) 한 수를 지었다고 한다. 참으로 놀랄만한 일이다.

이백은 현인이라기보다는 평범한 범인으로 자기가 좋아하는 바에 따라 그 재능을 펼쳤을 뿐이다. 오로지 대의를 위해 천하를 다스리는 사람을 현인이라 하지 좋아하는 것을 잘하는 이를 가리켜 현인이라 하기는 어렵다.

기도로 병을
고칠 수 있나

Q 저는 요즘 배탈이 나서 큰 고생을 하고 있습니다. 그래도 식사는 세 끼나 네 끼를 꼭 먹고 있지만 하는 일도 시원치 않고 모든 일이 뜻대로 되지 않습니다. 여러 종류의 약을 먹고 부처(신불)께 기도드리는 일도 게을리 하지 않지만 배탈이 잘 낫지 않습니다. 이유가 무엇입니까?

A 당신의 병은 음식을 많이 먹어서 생기는 병이다. 음식을 절제하지 않고, 먹는 양을 정해놓은 것이 아니라 항시 달리해서 먹는 자는 무병(無病)의 관상을 가졌다 할지라도 반드시 큰 병을 얻는다. 이것은 모두 스스로 만들어낸 병으로, 큰 고생을 하며 잘 낫지도 않는다. 스스로가 절제하지 못해 생긴 병을 신불에게 기도한다고 해서 감응이 있을 리 없다. 기도

한다면 자신이 먹을 음식을 먼저 신불에게 바친 후에 기도해야 한다. 그리고 단식하거나 만약 먹는다면 하루 세 끼를 죽 두 그릇으로 하고 백일 동안 기도해야 한다. 그러면 아주 기분 좋게 병이 다 낫는 것은 손바닥 보듯 뻔하며 이런 경우를 여러 번 보았다.

음식을 절제하고 삼가서 끼니마다 흰 죽 두 공기를 백일 동안 먹는다면 웬만한 병은 낫게 마련이다. 몇 년씩이나 병으로 고생한 사람도 길면 1년 안에 고칠 수 있다. 음식을 절제하고 신중히 먹는 자는 병에 걸리기 쉽지 않고 3일 이상 아픈 자는 없다.

마음 습관이 운명이다

6

입맛이 없다면

Q 저는 태어날 때부터 병이 많은 체질로, 다른 사람들이 맛있는 음식이라고 하여도 저는 그 맛을 모릅니다. 제가 어떻게 하면 음식의 맛을 느낄 수 있겠습니까?

A 그것은 질병이 많아서가 아니라 숙식(宿食 : 하루가 지나도 소화가 되지 아니하고 위장에 음식물이 남아 있는 것)의 일종이다. 음식이 맛이 없으면 먼저 세 끼의 식사를 두 번으로 줄이고 원래 두 끼를 먹는다면 한 번으로 줄여야 한다. 배를 비워서 먹으면 맛이 없을 수 없다. 절제해서 먹으면 맛도 생기고 숙식할 일도 없다. 또 숙식을 안 하면 병이 생길 일도 없다. 이 모든 게 당신이 숙식해서 생긴 병이니 앞으로 음식을 절제하고 신중해야 한다.

7

성공하려면
집중력을 키워라

Q 저는 가업으로 여러 가지 사업을 했지만 하나도 성공한 것이 없습니다. 그 밖에 남다른 재주도 네다섯 개정도 가지고 있습니다. 선생님께서 제게 맞는 가업을 하나라도 가르쳐 주셨으면 좋겠습니다.

A 당신의 관상을 보니 참고 견디는 힘이 없다. 재주가 됐든 가업이 됐든 처음부터 마음대로 되는 일은 없으며 몇 년 동안 그 일에 정신을 집중하고 노력해서 그 길에 정통하게 될 때 비로소 번성하게 된다. 아직까지 하고자 하는 일에 비해 온 정성으로 노력해보지 않았기 때문에 번성치 못한 것이다.

당신처럼 마음이 쉬이 움직여 이것저것 쉽게 일을 옮기는 사람은 마치 두꺼비를 좁은 상자 속에 넣은 것과 같다. 상자 속에

마음 습관이 운명이다

들어 있으면 모든 쪽에 문이 있어 보여 나가려고 용쓰지만 나가지 못하고, 뒤로 돌아가려고 해보지만 나가지 못하고, 우왕좌왕 뛰어보지만 나가지 못한다. 결국엔 힘이 다 빠져 죽는다. 당신도 이와 같이 평생 직업만 쉽게 바꾸다 지쳐서 죽게 될 것이다.

마음을 다잡고 정신을 집중해서 방황하지 않는 자는 한 쪽에 작은 구멍이 나 있는 상자에 들어 있는 두꺼비처럼 이곳저곳 둘러보지 않고 구멍이 나 있는 한 쪽을 향해 집중해서 머리를 굴린 다음 결국엔 그 상자에서 나온다. 한낱 두꺼비의 지혜도 이러한데 사람이 마음을 집중하면 큰 산도 관통하고 이루지 못할 일이 없다. 모든 것이 다 자기 하기에 달렸다. 뜻을 성취하지 못하는 사람은 항시 술과 고기를 즐기고 정신이 해이해져 놀 시간은 있어도 마음을 집중시키지 못한다. 모든 일이 늦어지고 결국에는 번성하지 못한다. 그래서 이 일 저 일 쉬이 옮기다 평생 빈곤한 채로 끝나게 된다.

사람이 만물의 영장인데 한 번도 마음먹은 것을 관철하지 못한 자는 세상에 있어도 쓸모가 없다. 또 그런 사람은 죽더라도 알아주는 이가 없다. 이는 개죽음과도 같다. 당신도 그와 같은 대우를 받고 싶지 않다면 한 가지 일에 필사적으로 덤벼야 한다. 예를 들어 십만 명의 적군에게 둘러싸여 있다고 해보자. 적을 향해 중구난방 싸울 때는 볼 것도 없이 목숨을 잃을 것이다. 하지만 수백만의 병사가 둘러싸고 있다고 해도 필사적으로 어느 한 쪽을 뚫고 나가면 적진을 탈출할 길이 보일 것이다. 모든 일이 다 마찬가지이다.

마음 습관이 운명이다

8

관상가가 왜
사후를 말하는가

Q 사람에게는 생명이 있는 동안 관상이 있겠지만 죽고 나면 관상은 없어집니다. 그래서 관상이란 현세를 중시하는 것을 근본으로 해야 할 터인데 선생님은 항상 부처님을 존경하고 계시니 잘못된 것 아닌가요?

A 나는 신·유·불의 삼교 사이를 구별 짓는 담장은 없다고 본다. 결국 진리의 가르침은 천지를 존중하고 만물을 존경하는 것으로 통하게 되어 있기 때문이다. 신도(神道)에서는 혼돈(渾沌)이라 하는 것을 유교(儒敎)에서는 명덕(明德)이라 하는가 하면 불교(佛敎)에서는 미타(彌陀)라고 한다. 미타는 혼돈에서 출발하는 것이고 혼돈은 명덕에서 그리고 명덕은 미타에서 일어나는 것이기 때문에 이들은 모두 하나로 그 사이에 구분이 없다는 것이다.

채식은 정신을
맑게 한다

Q 평소 육식을 좋아하여 육식을 많이 하는 사람은 몸과
마음이 탁해진다고 합니다. 저는 항상 고기를 많이 먹
지만 마음이 탁하지는 않다고 생각하는데 선생님께서는 어찌
생각하십니까?

A 정말로 마음을 탁하게 하는 것이 육식이다. 육식을 하
고 난 후에는 기분이 좋지 않지만 채식을 한 후에는
정신이 맑고 기분이 상쾌하다. 사람의 귀천을 막론하고 마음이
탁해지면 그 도(道)를 얻기 힘들고 마음이 탁해진 사람은 자기
몸을 다스리기가 매우 힘들다. 그래서 불가에서는 불도에 전념
할 수 있도록 하기 위해 출가한 사람은 육식을 금하게 하고 재
가(在家 : 불교에서 사회에서 살아가는 일반 사람을 일컫는 말)의 일반 대중에게

는 육식을 하지 않는 날을 정해놓고 있는 것이다. 이러한 것들은 마음이 탁해지면 좋지 않은 일을 하게 되므로 자기의 몸을 더욱더 잘 다스리고 수행하기 위해 만든 계율이다.

　육식을 한다고 해도 많이 먹지 않으면 상관이 없다. 사람들이 자기 나름대로의 각양각색의 일을 해야 하기 때문에 음식을 절제하고 삼간다는 것은 일반 대중에게는 대단히 어려운 일이다. 그렇기 때문에 출가한 스님처럼 자신의 몸을 내던진다는 각오로 음식을 신중히 하지 않으면 좀처럼 삼가고 절제할 수 없다. 또한 육식을 하더라도 자기 신분을 알고 자기 신분에 맞게 먹는 것은 무방하다. 하지만 육식을 하면 의도치 않게 입맛이 돌아 과식을 하는 경우가 많다는 것이 문제이다.

10

가풍을
유산으로 삼아야

Q 저는 자손들을 위해 자산이나 가보를 물려주고 싶습니다. 선생님이 보기에 제가 이 소망을 이룰 수 있을까요?

A 그것은 큰 잘못이다. 그것은 어버이가 자식을 위해 베푸는 자비가 아니라 자식들에게 평생 동안 멍에로써 작용하여 자식들을 서로 간에 원수처럼 되게 할 것이다. 부모로부터 물려받은 재산이 있다는 사실 때문에 자식들은 항상 그 재산을 생각하면서 허송세월을 보내고 가업에 힘을 쏟지 않아 마침내 그 집안은 무너지고 말 것이다.

자식을 번영시키고자 할 때는 그들의 부모는 정직을 근본으로 하고 삼가고 절제하는 것을 늘 지속하여 엄중히 지키며 항상 부모가 그리 하는 것을 본보여야 한다. 또한 자식들에게 음식을 삼가고 절제하는 방법을 보여 주고 솔선수범해야 한다. 그래서 항상 절제하고 시주하여 음덕을 쌓는 것을 잊지 말아야 한다. 또한 절약과 음덕 쌓는 것을 가풍으로 삼고 자식에게 재산을 남겨 주기보다는 그 가풍을 그 집안의 유산으로 남겨 줘야 한다. 이것이 조상의 공적인 동시에 부모의 진정한 자비이다.

1년을 조심하면
1년을 더 산다

Q 저는 이미 늙기 시작하였는데 아직 제 몸을 신중히 다
스리지 못하고 있습니다. 지금부터라도 정신을 가다듬
어 몸을 신중히 다스려서 복, 재산, 장수를 얻고자 합니다. 선생
님께서는 제가 몸을 신중히 하면 복, 재산, 장수를 얻을 수 있
을 것이라 생각하십니까?

A 당신의 수명이 1년 이내라면 지금부터 몸을 삼가고 신
중히 한들 이미 늦었다. 그렇지만 당신이 1년 이상의
여명을 가지고 있다면 지금부터 1년 동안 조심하면 그 후 1년
을 더 살 수 있다. 또 10년의 여명이 있다면 그 10년 동안 삼가
고 절제하여 그 후 10년을 더 살 수 있다. 뿐만 아니라 재산이
나 지위도 그 수명에 따라 얻을 수 있을 것이다.

마음 습관이 운명이다

하늘에는 성명(性命 : 성별과 생명)이 있고 땅에는 식록(食祿)이 있는데 사람이 그것을 향유함으로써 복, 재산, 장수를 유지하는 것이다. 귀천을 불문하고 그 나름대로의 복, 재산, 장수가 없는 사람은 없다. 태어날 때부터 복, 재산, 장수는 누구나 다 갖고 있다. 성명에는 양(量)이 없다고 하지만 식록에는 양이 있게 마련이다. 위로는 천왕으로부터 아래로는 사농공상에 이르기까지 그 신분에 알맞은 식록이 있는데 대략 하루에 3~5홉으로 정해져 있다. 이 식록의 정량을 넘겨 과도하게 먹는 자는 반드시 복, 재산, 장수에 손상을 입게 된다. 그래서 대식하는 사람은 입신출세하지 못하고 목숨도 짧다.

따라서 과식하지 않는 자는 자연히 복, 재산, 장수를 유지할 수 있다. 소식하는 자는 건강하고 그 나름의 복록을 얻어 병으로 앓는 일도 없다. 재산과 지위 등의 복록은 천하가 공유하는 재산이지만 수명만은 자기가 하기에 따라 단축될 수도 연장될 수도 있다. 그렇기 때문에 수명 그 자체에는 길고 짧음이 없지만 자기가 스스로 하는 바에 따라 길고 짧음이 생기게 된다.

결국 복록을 유지하고 수명을 연장시키는 일은 평소에 음식을 절제하고 신중히 하는가 그렇지 않은가에 따라 결정된다. 목숨은 먹지 않고서는 유지할 수 없다. 그렇기 때문에 사람은 음식을 근본으로 해야 한다. 그렇지만 그 근본이 문란해지고 절제가 없어지면 근본적이고 말초적인 것까지 다스릴 수가 없게 된다. 따라서 음식을 절제하지 않고 먹는 양이 일정치 않은 자는 마음이 흐트러져서 몸도 다스려지지 않는다.

수양하는 데 있어 식사량이 일정치 않으면 집과 처자식을 다스리는 것도 할 수 없으며 스스로 어두워진다. 그러므로 수신(修身)하여 복, 재산, 장수를 지키고자 한다면 먼저 식사를 엄격하게 절제하고 신께 일정량을 헌납하며 복, 재산, 장수를 기도해야 한다. 식사는 복, 재산, 장수의 기본이며 배불리 먹으면 결국 그 기본을 잃어버려 복, 재산, 장수를 지킬 수 없게 된다.

마음 습관이 운명이다

천하에서 가장
귀중한 것

Q 저는 평소에 재산이 있으면 무엇이든 할 수 있다고 생각했습니다. 하지만 선생님께서는 정말 금은보화라 할지라도 음식보다는 귀하지 않다고 생각하십니까?

A 천하에 가장 귀한 것은 음식이다. 왜냐하면 음식으로 말미암아 생명이 유지되고 있기 때문이다. 생명이 없으면 우리가 어떻게 부모님께 효도할 수 있겠는가? 우리는 엄마 뱃속에 있을 때부터 이미 엄마의 음식을 즐겨 먹는다. 이것을 흔히 입덧이라 부른다. 즉 태내에 있는 생명체가 즐기는 것을 모체도 즐겨 먹을 수 있도록 하기 위해 일어나는 생리적인 현상이다.

이렇게 사람은 태어나고 그 목숨이 끝날 때까지 먹기를 계속

한다. 자기에게 주어진 음식을 다 먹었을 때에는 자기의 수명도 다한다. 그래서 사람이 병들어 앓기 시작하여 죽음의 상태에 도달했어도 자기가 평소 좋아했던 음식을 먹고 싶어하는 것이다. 한 입만이라면 괜찮을 것 같지만 한 입이라도 쓸데없이 먹었다간 스스로 복, 재산, 장수를 해치는 것이다.

관상에는 길하고 흉한 것이 없다. 모두 음식을 통해 정해지는 것이다. 그리고 그 당시의 길흉화복은 혈색에 나타나는데 음식을 절제하는 것이 중요하다. 음식을 절제하는 것이 복, 재산, 장수를 지키는 최고의 방법이며 그 외에 다른 방법은 없다.

13

관상가의 도

 관상을 정확히 규명하기 위한 요령은 무엇입니까?

음식 절제 외에 다른 요령은 없다. 책을 봐도 소용없다. 먼저 관상의 길흉을 정확히 알고 싶다면 내가 늘 말했듯이 음식을 낭비하지 않고 엄중히 정해진 양을 먹으며 만물이 천명을 헛되이 하지 않도록 하며 스스로 만물을 낭비하지 않고 3년 동안 이를 실천하고 절약하면 관상법의 오묘한 진리를 알 수 있다.

나는 항상 이와 같은 일을 실천하면서 남의 관상을 보는 것이야말로 관상가의 도(道)라 여기고 있다. 그러나 아직도 이와 같은 관상학의 기본을 실행하지 않는 관상가는 남의 관상을 보고 왜 길흉이 있는지 그 근원을 알아야 하는데 그것을 모른다.

그런 관상가가 대부분이다. 이러한 관상학의 오묘한 진리를 모르는 관상가는 도적이라 할 수 있다.

무의식으로
쌓은 음덕

Q 인색한 사람이 차츰 유복해지는 것을 본 적이 있습니다. 반드시 삼가고 신중히 하는 것만이 좋은 것은 아니라고 생각됩니다.

A 물론 그런 경우들도 가끔 있다. 이와 같은 자는 먹고 싶은 것을 안 먹고 가족들에게도 충분한 음식을 주지 않는다. 결국 이것이 음식을 절제하고 삼간 결과가 되어 유복해진 것이다. 인색했기 때문에 결과적으로 자기가 먹지 않은 분량만큼 천지에 되돌려 준 것이 돼 무의식 중에 천지의 음덕을 쌓아 자기의 복, 재산을 연장하게 된 것이다. 그러나 이와 같이 인색한 자의 관상은 어딘지 모르게 부족하고 평생 모은 복, 재산이 생각보다 많지 않다는 사실을 알게 될 것이다.

머묾의 덕

천지개벽할 당시에 음양의 기에 따라 비로소 사람이 생겨났기 때문에 기(氣)가 근본이고 몸[身]은 말단에 지나지 않는다. 따라서 관상을 말하기 전에 먼저 기를 이야기해야 한다. 부귀나 빈천, 그리고 단명과 고락(苦樂)은 모두 자신의 기에서 출발한다. 또 자기의 덕을 덕이라 하지 않고 천지의 덕을 얻고 이것을 쌓은 관상가는 천하제일의 관상가라 할 수 있다. 따라서 덕은 득(得)이고 덕은 천지의 덕으로 여기서부터 얻어지는 것은 모두 나의 득(得)이다. 나의 이익을 버리고 천지의 덕을 얻는다면 이는 자기 스스로의 득이 될 것이다. 자기 일은 버리고 자기의 득(得)만 위한다면 천하의 도적이다.

사람은 명덕(明德)을 근본으로 한다. 명(明)은 해[日]와 달[月]인 동시에 부모에 속한다. 사람은 부모의 덕에 의해 생겨났기 때문이다. 따라서 자기의 마음이나 몸은 모두가 다 명덕인 것이다. 또한 만물은 모두 해와 달의 덕으로 태어난 것이다.

명(明)은 음양(陰陽)이고 임금과 신하로 군신의 도에 속한다. 그래서 음은 양을 따르고 신하는 임금을 따른다. 이것이 명덕의 명이고 따르지 않을 때는 명이 아니다. 또 아내는 음이고 남편을 따른다. 따라서 음양의 화합은 모두가 천지의 명덕인 셈이다. 그리고 천하의 길은 동남이 낮고 서북이 높다. 물은 높은 데서 낮은 곳으로 흐른다. 이것 또한 천하의 명덕이다. 산은 높아서 여러 나무가 자라고 바다는 낮기 때문에 물이 모인다. 이러한 사실은 산과 바다가 스스로 기(氣)가 통한다는 증거이고 천지의 명덕이다.

관상법에는 기이하다고 하는 '기(奇)'라는 것은 없다. 기이한 것은 도(道)가 아니다. 단지 분명한 것을 가지고 관상법의 길로 삼아야 한다. 나의 관상법에서는 만물을 민(民)으로 정하고 처음과 끝을 신(新)으로 정했다. 여기서 말하는 신(新)이란 처음의 시작을 뜻한다. 따라서 사물에 처음이 있으면 마지막이 있게 마련이다. 그렇기 때문에 날로 새로워지는 것이 신(新)인 것이다.

여기서 그날그날의 길흉을 알고 평생의 선악을 점치며 있는 것을 갖고 없는 것을 아는가 하며 없는 것은 갖고 있는 것을 만드는 것도 역시 신(新)으로써 잠시도 멈추지 않는다. 이것은 마치 혈액이 온몸을 도는 것과 같은 이치로써 관상을 볼 때 안색과 혈색을 살피는 이유도 바로 여기에 있다.

신(新)은 선 나무를 도끼로 찍어 넘기는 것과 같다. 처음이 있어서 생기고 나중이 있어서 자른다. 사람은 일하는 것을 처음으로 하고 죽어 땅으로 돌아가는 것을 마지막으로 한다. 그리고 또 다시 태어난다. 이것이 새로운 신(新)이고 음식물의 먹이 사슬과 같다. 그래서 만물이 날로 새로워진다는 사실을 알지 못하는 사람은 다른 사람의 관상을 볼 수 없다. 또한 만물이 새로운 것이라는 것을 아는 사람은 민(民)이 새로운 것이라는 것을 아는 사람이다. 민(民)에게는 각기 신분과 복, 재산이 있다. 천석꾼에게는 천석에 알맞은 일꾼이 있고 만석꾼에 부합하는 일꾼이 있게 마련이다.

마찬가지로 군주는 백성이 없으면 존재할 수 없다. 군주의 덕은 모두 백성에 의해서 정해진다. 그래서 군주는 백성의 어버이로서 백성을 자식처럼 생각해야 한다. 천자는 사민(四民 : 사농공상 네 가지 신분이나 계급의 백성)을 갖고 백성으로 삼는다고 한다. 백성들은 각기 자기 신분에 맞는 백성들이다. 결국 일반 서민에서 천자에 이르기까지 만물은 최고의 백성이다. 그렇기 때문에 사람

마음 습관이 운명이다

은 만물의 주인이라고 한다.

사람은 만물을 갖고 몸과 마음을 양성하고 있다. 즉 자기를 양육하는 것은 만물이라는 백성이다. 만물을 존중하고 소중하게 여기는 것도 민(民)을 새롭게 하는 것이라고 할 수 있다. 또 매일 새롭게 만들어져가는 것을 가리켜 명덕을 밝히는 것이라 한다. 자기 자신을 모르는 관상가는 만물인 민(民)을 민(民)으로서 하는 천명의 근본을 알지 못한다. 따라서 멈추는 것을 모르고 교만해져 천하를 보지 못한다.

천하를 관상하고자 할 때는 상법의 명덕을 알아야 한다. 이러한 이치를 아는 사람은 천하의 길을 아는 사람이다. 천하의 길을 아는 사람은 자신의 위치를 알게 되므로 자기가 머물 곳에 머물게 된다. 이런 이치를 모르는 사람은 무법으로 교만해져서 대중을 관상할 때도 천하의 교만함을 멈추지 못한다.

도를 밝게 해서 대중을 그 길에 머물게 하는 것을 지선(至善)에 머문다고 한다. 자기 자신도 지선의 이치에 머물지 못하면서 어떻게 일반 대중에게 도(道)를 설교하고 착한 길로 인도할 수 있겠는가? 자기 자신이 그 길에 어두우면 다른 사람을 밝게 할 수 없으며 오히려 그 사람을 해칠 수 있다.

머문다는 것은 선한 일이고 모든 일이 수습되어 더욱더 발전하는 근본이며 그 결과는 스스로 분명해진다. 또 멈추지 않으면 나쁜 일이 겹쳐서 결국에는 스스로 점점 더 어두워진다. 생애의 길흉을 점칠 때는 이와 같은 이치를 깨달아야 분명하게 알 수 있다.

《상지정(上止正)》이란 책에 "사람은 오로지 위를 보지 않고 멈추는 것을 근본으로 한다. 머물지 않는 자는 그릇되었으며 그래서 천운이 없다"라는 말이 나온다. 머물 때 천운이 위에서 내려와서 옳고 바른 일을 시작할 수 있다. 또 때가 되면 태양은 떠나지만 움직이지 않고 머물러 있으면 다시 태양이 찾아와서 모든 바른 일을 다시 시작한다. 한 가지 일에 전념하면 자연히 가업도 번창하고 성공할 수 있다.

관상가가 지선(至善)에 머물지 못하면 자연히 하늘을 깨닫지 못하며 하늘의 이치를 깨닫지 못한 관상가는 관상가라 할 수 없다. 면허개전에 상법의 궁극적인 진리가 담겨 있지만 이것을 문장으로 표현하지 못하는 것이 유감이다. 이것은 신중함에 전념하여 무상관을 시작으로 천제관에 이르기까지 극의(極意)를 가장 심원한 비법으로 삼고 있다. 제자가 많아도 이를 전수받은 사람은 손에 꼽을 정도로 적다. 또 수양심에 따라 이를 전파하고자 하여도 어려워서 듣는 이가 중도에 포기하고 만다. 혹시라

마음 습관이 운명이다

도 내 이름을 더럽히는 자가 나타날 것을 염려해 그 후부터는 비법을 전수하지 않는다.

만약 수양하고자 하는 의지가 있는 사람이라면 먼저 음식을 절제하고 신중히 하며 세상의 만물이 모두 자기를 위해 쓰이고 있다는 진리를 깨달아야 한다. 내가 전하고자 하는 뜻이 그것이다. 이것 외에 전달할 것이 없다.